とにかく通じる英語

超かんたんで役立つビジネス英会話の本

デイビッド・セイン　岡悦子

草思社文庫

まえがき

　世界情勢が大きく動くなか、外資系企業のみならず日本企業でも英語が必要とされる場面が増える昨今ですが、いまなお英語を苦手とする日本人が多いのも事実。その要因のひとつに、**「完璧」を目指そうとするあまり、臆して話しかけることさえできなくなるということがあるでしょう。** そもそもノンネイティブにとって最初から「長い完璧なフレーズ」を覚えることは至難のわざ。見た途端にあきらめてしまう人もいるでしょう。

　一般的な英会話本では「完璧なフレーズ」のみを紹介しているものも多いようですが、**「完璧でなくてもいいから、とにかく通じる簡単な英語」** があれば、どんなにありがたいことでしょう。本書ではまさにその**「誰もが知っている単語を使ったごくシンプルなフレーズでありながら、とにかく通じる英語」** を紹介しています。

　たとえば依頼された仕事について「いつまでにやればいいですか？」と尋ねたいときの「完璧」な英語は、

　By when does it need to be done?

　（いつまでに終わらせる必要がありますか？）

です。けれど、この表現では覚えるのも話すのもとにかく大変です。そんなとき、

　By when?

　で「とにかく通じますよ」と言われたら、「それなら言える！覚えたい！」と思いますよね。

　ここで重要なのは、シンプルなフレーズの場合、表情やイントネーションに注意が必要だということ。By when?の場合、

ぶつりと言い切ってしまうと少しぶっきらぼうな印象を与えます。これを By when ...? のように、後に何かが続く感じで優しく言うと、「完璧版」の省略形だと相手に伝わり、ぶっきらぼうには思われません（132 〜 133 ページ）。本書では、こうした「とにかく通じる英語」が、誤解なくまた失礼な感じを与えずに相手に伝わるよう、イントネーションや表情、ジェスチャーなどの注意点もくわしく解説しています。

本書の読み方

各項目は基本的に、

| 日本人が間違えがちなNG英語 | ✕ ムリ、誤解を招く、など
△ 通じるけれど（問題あり）、など |

↓

とにかく通じる英語

↓

◎ パーフェクト英語

の順に解説していく構成をとっています。

　まずはNG英語を見て「あ、これ言いそう。どうして伝わらないの？　どんなふうに伝わるの？」と興味を抱いて読んでみて、「なるほど！」と思っていただくことが大切です。「なるほど！」と思うことが、英語学習の第一歩だからです。

　「✕」や「△」は必ずしもNGというわけではなく、イントネーションや表情、あるいは状況しだいでは使えるフレーズも含んでいます。解説をくわしく読んでみてください。

　そして次に「じゃあ、どう言えば『とにかく通じる』の？」とさらに大きな期待を持って読み進めてください。シンプルなの

に、なぜネイティブにうまく伝わるのか、よくおわかりいただけると思います。このフレーズは、解説にあるイントネーションや表情、ジェスチャーなどを使いながら、実際に声に出して何度も言ってみてください。

「◎」のアイコンのパーフェクトフレーズに関しては、なぜそれが「パーフェクト」なのか、そして「どうして」あるいは「どこまで」こちらの気持ちが伝わるのか、ということを知るだけでもいい勉強になるでしょう。もちろん余裕のある方は「パーフェクト」までしっかり覚えて使ってもらえれば言うことなしです。

ただし「もっともシンプルなフレーズ」＝「パーフェクトなフレーズ」という場合もあります。たとえば「都合をつけます」と言いたいときは、I'll make time.（時間を作りましょう）がいちばん。そのような場合、そのフレーズを「とにかく通じてパーフェクト！」としています。

なお、文化的な背景などもあり、すべての日本語が必ずしも英語に置き換えられるとは限りません。たとえば日本語の「お疲れさまです」に完全にマッチする英語はありません。このような場合、どうすればその日本語のニュアンスにもっとも近まるかという内容にしています。

本書では、こうしたフレーズ解説のほか、実際の会話例やコラムなど、様々な使える情報を多数盛り込んでいますので、どうぞお役立てください。

「とにかく通じる英語」。とにかくその目で確かめて、とにかく使ってみて、使い勝手のよさを実感してみてください！

デイビッド・セイン　岡 悦子

とにかく通じる英語　Contents

Chapter **3**
とにかく通じる！
「打ち合わせ」フレーズ

Chapter **4**

とにかく通じる!

「上司」へのひと言

Chapter **5**

とにかく通じる！
「部下・同僚」へのひと言

Chapter **6**
とにかく通じる！
「終業後」のひと言

Chapter **1**

とにかく通じる!
「あいさつ」
フレーズ

（上司が部下に）
お疲れさま。

△　You worked hard today.

とにかく通じる！ You must be tired.

◎　Thanks!

解説

△ 通じるけれど

You worked hard today.　　今日はよく働いたね。

「お疲れさまです」、つまり「今日は一生懸命働いてくれましたね（疲れたでしょう）」ということから、

You worked hard today.

という英語を思いつく人もいるかもしれません。

言いたいことはなんとか通じるでしょうが、ネイティブはほとんど使いません。

特にtodayをつけると、「昨日と違って、今日は…」のように聞こえるので注意。

ちなみに

You did a good job today.（今日はご苦労さん）

は、上から目線の言い方で「お疲れさん！」という感じ。上司に対しては使えませんが、部下には使えます。

とにかく通じる！

You must be tired.　お疲れでしょう。

「あんなに仕事をして、さぞお疲れでしょう」というニュアンス。ただし、実際にハードな仕事をした相手に言わなければちょっとヘンです。tiredの代わりにworn out、exhausted（いずれも「疲れ果てる」という意味）を使って

You must be <u>worn out</u>.／You must be <u>exhausted</u>.

という言い方もできます。

◎ パーフェクト

Thanks!　ありがとう！

日本語の「お疲れさまです」に完全にマッチする英語はないでしょう。「お疲れさま」はただのあいさつで、あまり深く考えずに使う場合も多いでしょうが、裏にはともかく「感謝」の気持ちがある場合が多いもの。Thanks!なら上下関係なく、誰に対しても使えます。状況に応じて

<u>Thanks</u> for your help today.（今日はありがとう）

<u>Thanks</u> for everything today.（今日はいろいろありがとう）

などでもいいし、

<u>Thanks</u> for doing those reports.（レポート、ありがとう）

のように具体的な事柄に感謝を述べてもOKです。

｜コラム　You look tired.には要注意

You look tired. は「疲れた顔してるね」という意味なので、「お疲れさま」とはニュアンスが違います。こう言われると特に女性はちょっとムッとするかも。

ご苦労さま。

△　You had a hard time, didn't you?

 とにかく通じる！ Good job.

◎　Cheers.

解説

△ 通じるけれど

You had a hard time, didn't you?
あなたにとってつらいことだったね、でしょう？

　和英辞書で「苦労する」を引くと、have a hard time などが載っているので、そのフレーズを使って

　You had a hard time, didn't you?

　と言ってしまう人もいるようです。もちろん、これでも意味は通じますが、You を主語にしているため「あなたは」という部分が強調されてしまい、「あなたは苦労した、そうでしょう」となり「あなたにとってはつらかったでしょうね？」というニュアンスに。didn't you? は付加疑問文で、「あなた、…だったでしょ？　そうでしょ？」と相手に軽く確認するときに使うもの。受け取り方によっては「あなたの能力が足りなくて、その仕事はちょっと無理だったかもね」というふうに聞こえることもあるのです。それを避けるには You を使うのを避けて、

14

Tough job, isn't it?（大変な仕事だったね）

のようにすればOK。

とにかく通じる！

Good job.　　よくやったね。

　日本語の「ご苦労さま」は一般的に上司が部下をねぎらうときに使うもの。そんな状況で適した英語はGood job.。「よくやったね」という感じのねぎらいのフレーズです。

　このフレーズを使う場合、気をつける点があります。

　Good job. を使う場面は、大きく分けてふたつ。

　ひとつは上司が部下をほめる場合。もちろん、部下が上司をほめるというときには使いません。

　もうひとつは皮肉の意味で「よくもやってくれたな」と言う場合。相手が何かとんでもない失敗をしでかしたりしたときに使います。たとえば、相手に再三注意していたにもかかわらず、不注意でものを落として壊してしまった場合にGood job. と言ったら「よくもやってくれたな」という意味に。

　A:　Sorry, but I broke that vase.

（ごめんなさい、あの花瓶、壊してしまいました）

　B:　Good job. I told you to be careful!

（よくもやってくれたね。あんなに注意するように言ったのに）

　A:　I'm really sorry.（本当にすみません）

　どちらのGood job. かは、状況によって判断できるでしょう。相手が何かよい仕事をした後に言ったら、「よくやってくれた」というほめ意味にしかとられないでしょう。

　とはいえ、いつも状況が明確であるとは限りません。そんな

とき、絶対皮肉にとられないためには、

Good job today. と言えばOK。これなら「今日はよくやったね、お疲れさま！」という感じのほめ言葉に。あるいは

Good job on that project.

（あのプロジェクト、ほんとによくやってくれたね）

のように、何についてほめているのかを具体的に言ってもOK。

また、Good job. と同じように **Way to go.** も相手をほめる言葉として使えます。こちらもほめ言葉のケースと皮肉で使うケースがあります。状況が明確でない場合は、やはり、

Way to go today.

Way to go on that presentation.

などと具体的に言えばOKです。

◎ パーフェクト

Cheers.   よくやったね。

「Cheers.＝乾杯」と覚えた人も多いと思いますが、これは何かをやってくれた相手に「ありがとう！」「お疲れさま」という気持ちを伝えるときにも使えるカジュアルな表現です。

｜コラム①　Hard work, isn't it? と Hard work, is it?

Hard work, isn't it?

は「ハードワークだよね（大変だよね）」という意味。これは、

It's hard work, isn't it?

という付加疑問の省略形で、何かをやったことに対するねぎらいではなく「仕事、ハードだよね」というたんなるつぶやきになります。

英語には「ご苦労さま」に100パーセント対応する表現はないといえますが、前項の「お疲れさま」でも紹介したように、相手が実際に疲れている場合には、

You must be tired.（お疲れでしょう）

で、相手を気遣うフレーズとして使うことができます。

いっぽう、Hard work, isn't it? を

Hard work, is it?

とすると「あなたは大変だと思っていたみたいだけど、ほらね、楽だったでしょ」という皮肉の効いた表現になってしまいます。

is it? も付加疑問ですが、これは本文が否定文、つまりこの場合は It isn't hard work. につけるもの。

<u>It isn't hard work, is it?</u>（ハードワークじゃないでしょ？）

という意味です。

Hard work, is it? は It's hard work.（大変だよ）と不満などを言った人に対する返答として「あなたは大変って言っていたけれど、やってみると楽だったでしょ？」という皮肉として使うことができる、というわけです。

| コラム②　「感謝」の気持ちを表す Thanks for your help.

「ご苦労さま」とは少しニュアンスが違うかもしれませんが、何かをやってくれた相手に対して感謝の気持ちを表す場合に使えるナチュラルな表現に、次のようなものがあります。

Thanks for your help.（助けてくれてありがとう）

Thanks for doing that.（それ、やってくれてありがとう）

（朝礼などで）
今日も一日よろしくお願いします。

× Please do your best today.

 Have a good day.

◎ I'm looking forward to working with you today.

解説

| × 誤解のもと |

Please do your best today.
今日はがんばってください。

朝礼などで、社員に向かって「今日も一日よろしくお願いします」を何と言うか考え、「今日もベストを尽くしてがんばってください」という言葉を思いつき、

Please do your best today.

と言ってしまう人もいるかもしれません。けれど、todayを強調して言ってしまうと、

「昨日はがんばれなかったけど、今日はがんばってね」

というふうに聞こえる可能性があるので注意。

Please do your best again today.

（今日もまたがんばってください）

とすれば問題はありませんが、ちょっと上から目線な感じ。

Have a good day.   よい一日を。

「じゃあ、よい一日をね」という別れのあいさつとしてよく使うフレーズですが、一日の始まりのあいさつとしても使えます。

Let's have a good day today.

のようにアレンジすると、「みんなでよい一日にしましょう」という感じになり、好感度がアップ。

こんな感じで使います。

A: Is everyone clear about today's schedule?

（今日のスケジュールについてはみんな、ちゃんとわかってくれたかな？）

B: I think so.（そう思います）

A: Okay, have a good day.

（はい、じゃあ、今日も一日よろしくお願いします！）

I'm looking forward to working with you today.

今日は皆さんと一緒に仕事をすることを楽しみにしています。

I'm looking forward to ... with you today. は便利なフレーズなので、ぜひ覚えましょう。

...の部分には、

spending time（一緒に時を過ごす）

traveling（旅行する）

talking（話をする）

など様々な語を入れることができる、丁寧な表現です。

（上司に何か頼まれて）
はい、もちろん。

△ Okay.

とにかく
通じる! **All right.**

とにかく
通じる! **Yeah, no problem.**

◎ I'll be happy to.

解説

△ 通じるけれど

Okay. はい。

Okay ... と肩を下ろしながら語尾を下げ気味、延ばし気味に言うと「いいですけど…」と、迷惑そうな感じに。Okay！と語尾を上げれば前向きな気持ちが伝わります。

とにかく通じる!

All right. わかりました。

無難な言い方。「わかりました」に近い感じ。Okay. と似ていますが、Okay. は何も考えずに思わず口から出ている感じ。一方 All right. のほうは、ちょっと考えて言っている感じ。聞いている相手には Okay. よりも All right. のほうが気持ちがいいでしょう。

All right. も、平坦に発音すると「はいはい」という感じになってしまうので、できるだけ元気に、語尾を上げながら発音しましょう。身振りも大事で、うなずきながら言うと効果的。また、**Sure, all right. ／ Okay, all right.** のように、Sure や Okay などのあいづちの言葉をつけると、さらにポジティブに。

とにかく通じる！

Yeah, no problem.　　はい、もちろん。

軽く受ける場合に使える、かなり印象のいい返し方。たんに No problem. でも OK ですが、Yeah をつけて元気に言うとさらに好印象に。また **No problem at all.** でも OK。

◎ パーフェクト

I'll be happy to.　　もちろんです！

「喜んで」というニュアンスがうまく伝わります。

仮定法（I would）を使って **I'd be happy to.** とすると、さらに丁寧さがアップ。

｜コラム　やる気がないときは I guess.

ネイティブは何かを頼まれたりどこかに誘われたりしたとき、**I guess.** という返事をすることがあります。これはちょっとあいまいな言い方で、日本語の「ま、いいけど」のような感じ。言い方によっては「嫌だけど、まあ、仕方ない」という「いやいや感」が出てしまうことも。逆にそう言いたいときには使えます。

（Thank you.と言われて）
いいえ、とんでもないです。

△ You're welcome.

とにかく通じる！ No problem.

とにかく通じる！ Sure.

◎ My pleasure.

解説

△ **通じるけれど**

You're welcome.　どういたしまして。

「どういたしまして」と言うときのフレーズとして覚えた人も多いと思いますが、これはちょっと社交辞令的。もちろん元気よくにっこり笑って言えば通じます。

とにかく通じる！

No problem.　なんてことないです。

ちょっとしたことをしてあげただけならこれでOK。ただし気持ちを込めたい場合は、ちょっとあっさりしすぎ。

No problem at all!

とすればOK。

Sure.　　いいですよ、もちろん！

軽い言い方ですが、元気よく言うと「いいですよ、もちろん！」という気持ちがうまく伝わります。ただ、平坦な発音で言うと「ま、いいけど」に聞こえる可能性もあるので注意。

また、

Sure thing.

も同じ状況でよく使います。「もちろん、いいですとも！」という軽い感じで、相手がかしこまっている場合、リラックスさせる効果も。

こんな感じで使います。

A:　Did you finish the monthly report?

（マンスリー・レポート、仕上げてくれた？）

B:　Yes, it's on your desk.

（はい、あなたの机の上に置いてあります）

A:　Thanks.（ありがとう）

B:　Sure.（いえいえ）

My pleasure.　　こちらこそ。

これなら「気にしないでください、こちらこそありがとう」「とんでもありません」という気持ちが伝わります。バリエーションとして、

It was (all) my pleasure.

The pleasure was all mine.

などもあります。

とにかく通じる！

See you tomorrow.

◎ Thank you for your hard work. I'll see you tomorrow ／ later.

◎ Thanks for everything.

解説

とにかく通じる！

See you tomorrow.　　また明日。

　職場で別れ際に交わす「お疲れさまでした」という決まった言い方は英語にはありません。たいていの場合、

See you tomorrow. や、もう少し丁寧に

I'll see you tomorrow.

　といったフレンドリーなひと声をかければOK。これなら上司が相手でも使えます。

　相手によっては

See ya! ／ See ya later!

　のような軽いあいさつでOKの場合もあります。また、

Thank you, I'll see you later.（ありがとう、ではまた）

　のように、最初にThank youをつけると、仕事をしてくれた相手に感謝の意を伝えることもでき、より感じのいい表現に。

◎ ほぼ パーフェクト

Thank you for your hard work. I'll see you tomorrow ／ later.
がんばってくれてありがとう、また明日／ではまた。

　これなら感謝の意を伝えながら「ではまた」という別れ際の丁寧なあいさつの言葉になります。

　部下・上司、お互いに使えますが、部下が上司のために何かするという場合が多いでしょうから、主に上司が部下に対して使うフレーズになるでしょう。文章が長い点がマイナス。

◎ パーフェクト

Thanks for everything.　　　いろいろありがとう。

　相手に感謝の気持ちを表したいとき、いろいろな場面で使える便利なフレーズ。これも部下・上司、お互いに使えます。上司からだと「お疲れさま」、部下からの場合、「いろいろありがとうございました」という感じでしょう。

A:　It's 11:30. Why are you still here?
（もう11時半だけど、まだ帰らないの？）

B:　I had to finish this report. But now I'm finished.
（このレポートを仕上げなければならなくて。でもちょうど終えました）

A:　Thanks for everything.（いろいろありがとう、お疲れさま）

B:　No problem.（とんでもありません）

この後に

See you tomorrow ／ later.（また明日／ではまた）

のような別れ際のあいさつを加えると、さらに自然な会話に。

コラム　外出先から戻った人への「お疲れさまです」は？

　上司が外出先から戻ったときの「お疲れさまでした」に相当する英語は特にありませんが、こういう場面でもっとも多いのは

Hi.

Hello.

などの普通のあいさつ。

　ここにagainをつければ、パーフェクトといえるでしょう。

Hello again.（お帰りなさい！）

Good morning again.　＊朝の場合

Good to see you again.　＊少し丁寧に言いたい場合

などのようなバリエーションもあります。

　また、

Welcome back.（お帰りなさい）

も、人が外出先から帰ってきたときに使えるフレーズです。日本語の「お疲れさまです」からは遠い感じはするでしょうが、上司の場合にも部下の場合にも、帰社した人にかけるひとこととして適しています。

　以上のフレーズはいずれも、社内で一度あいさつした人に、また会った際に交わすあいさつ。この後に、具体的に何かを軽く尋ねるのも、あいさつの一種と考えていいでしょう。

How did the meeting go?（ミーティングはどうでしたか？）

Did everything go okay?（万事うまくいきましたか？）

How was Mr. Smith?（スミス氏はどうでしたか？）

というような具合です。

お先に失礼します。

× I'm sorry, but I'm going home.

△ I apologize for going home first.

 See you tomorrow.

◎ Sorry, got to go.

解説

× ムリ

I'm sorry, but I'm going home.
悪いけど、家に帰るよ。

　かなりぶっきらぼうな感じで、「お先に失礼します」という気持ちはほとんど伝わらないでしょう。仕事を依頼されて「悪いけど、もう帰るから」と断るような場合なら使えます。

△ 通じるけれど

I apologize for going home first.
最初に帰宅することをおわびします。

　「失礼します」という気持ちは伝わりますが、「日本人ってなんでそこまで丁寧なの」とちょっと驚かれるかも。

I'm sorry for going home first.

（最初に帰宅してごめんなさい）

はこれよりカジュアルな感じ。毎日のあいさつとしては
ちょっとヘンですが、たまに言ってみる分にはいいでしょう。

とにかく通じる！
See you tomorrow.　　また明日。

お気づきの方もいらっしゃると思いますが、「お疲れさまでし
た」と「お先に失礼します」の「とにかく通じる！」は同じSee
you tomorrow.、つまり英語でこの2つを使い分けることはほ
とんどないということになります。

ネイティブの感覚では「自分の仕事がすんだら帰るのは当
然」ということが多いので、たんに「ではまた」のようなあいさ
つで先に帰るのが自然です。

こんなふうに使います。

A:　I think I'm going to go home now.

（そろそろ帰らなきゃ）

B:　I just need to finish one thing.

（僕はちょっとやらなきゃいけないことがあるから）

A:　See you tomorrow.（じゃ、お先に）

B:　Okay, good night.（うん、それじゃあ）

See ya.／Later.／Bye now.／Take care.

はいずれも「またね」「じゃあね」というさらに軽いあいさつ
で、フレンドリーな間柄の者同士よく使います。

◎ パーフェクト

Sorry, got to go.　ごめん、帰らなきゃ。

アメリカ人でも先に帰るのは申し訳ないという状況がないわけではありません。そんなときは

Sorry, got to go. がおすすめ。

I'm sorry, but I have to go. と言うと、あいさつというより実際に謝っているように聞こえて丁寧すぎる感じですが、Sorry, got to go. というカジュアルな言い方にすれば、あいさつとして使えるでしょう。こんな感じで使います。

A:　Sorry, got to go.（ごめん、ちょっと帰らなきゃ）

B:　No problem. I'll stay and finish this project.

（いいよ。私が残ってこのプロジェクト、仕上げとくから）

B:　Thanks a lot.（ほんと、ありがとう）

┃ コラム　みんなが大変そうなときの帰りのあいさつは?

I hate to leave when it's just getting fun.

直訳すると「盛り上がってきたところで帰るのはいやなんだけど」となりますが、実際には楽しいときでなく、

「大変なときに悪いんだけど」

という気持ちを込めて使うことが多い言い回しです。

I hate to leave when you're still working hard.

（みんながまだ大変なときに帰るのはほんとに嫌なんだけど）

と言うとちょっと深刻な感じになり、相手にも気を使わせて、

No, no. I understand. Don't worry about it.

（いえいえ、わかってますって。ご心配なく）

などと言わせてしまうことに。

そんなときに

　I hate to leave when it's just getting fun.

　と言えば、ちょっと冗談っぽく聞こえるので、相手も気を使わなくてすむというわけです。

とにかく通じる!
「電話・
アポとり」
フレーズ

失礼ですが、どちらさまでしょうか？

△ Excute me, who are you?

とにかく通じる！ May I ask your name?

とにかく通じる！ I'm sorry, you're ...?

◎ I'm sorry, may I ask your name?

解説

△ 通じるけれど

Excuse me, who are you?
すみません、誰ですか？

意味は通じますが、ぶしつけな感じ。

とにかく通じる！

May I ask your name?
お名前をうかがってもよろしいですか？

比較的丁寧な名前の尋ね方。受付などで使えます。

ただし、アメリカ人にとってはちょっと古めかしい感じに聞こえます。『ロード・オブ・ザ・リング』(The Lord of the Rings) などで使われそうなフレーズ。イギリスでは丁寧な会話として使われます。

ただし、

May I have your name, please?

（お名前をおうかがいしてもよろしいですか？）

あるいは Can I have your name, please? なら OK。受付以外のふつうの状況で相手の名前を聞きたいときにも使えます。

とにかく通じる！

I'm sorry, you're ...?
失礼ですが、そちらさまは…？

じつはこれだけで「失礼ですが、どなたですか？」という意味に。直接的に「名前は？」と尋ねるのではなく、ちょっとぼかした感じでソフトに尋ねたいときならこれがおすすめ。

◎ パーフェクト

I'm sorry, may I ask your name?
失礼ですが、お名前をおうかがいしてもよろしいでしょうか？

May I ask your name? の前に I'm sorry をつけただけですが、そうすることで全体の硬さがとれるため、古めかしい感じも軽減します。シンプルで伝わりやすく、また硬すぎない表現。職場でもカジュアルでも使えます。

| コラム　電話ならこれ

電話の場合は、こんな尋ね方もあります。

I'm sorry, but may I ask who I'm speaking with?

（失礼ですが、どちらさまでしょうか？）

I'm sorry の部分を Excuse me に換えても OK。

× Just wait.

とにかく通じる！ Hold on, please.

◎ Could I put you on hold?

◎ May I ask you to hold for a moment?

解説

× 誤解のもと

Just wait.　焦るな。

「待って」という意味としても通じますが、丁寧とはいえません。また「焦るな」「落ち着いてよ」という意味に聞こえる場合もあります。たとえば相手が慌てているような場合に「急がなくていいから」という意味で使うこともあるからです。

とにかく通じる！

Hold on, please.　ちょっとお待ちください。

意味としてはまったく問題なく通じます。ただし、平坦な発音にすると、ちょっとぶっきらぼうに。［ホールド**オーン**　プ**リーズ**］というふうに、ちょっと延ばす感じで発音し、イントネーションとしてはonとpleaseの語尾を上げ気味に。全体

に元気でフレンドリーな声で言えばOKです。

Please hold.（お待ちください）

でもOK。holdには「電話を切らずに待つ」という意味があるのです。短く淡々とした口調で言うと事務的な感じに聞こえます。また、Pleaseの部分をあまり強調しすぎると「ちょっとお願いだから、待ってよ」というニュアンスに。また、これを逆にした

Hold, please.

も、映画などで、急いでいる人が使っているのをよく耳にします。相手が友達の場合はOKですが、あまりにカジュアルなので、大事なお客様などには避けたほうがいいでしょう。

◎ ほぼパーフェクト

Could I put you on hold?
いったん保留にしていただけますか？

丁寧で、職場に適した言い方。on holdは「保留の状態で」という意味のイディオム。「人に保留にしてもらう」という場合は、よくput＋人＋on holdという形にします。

◎ パーフェクト

May I ask you to hold for a moment?
少々お待ちいただけますか？

これがもっとも丁寧な言い方で、優しく発音するとフレンドリーな響きにもなります。最後にpleaseをつけ、

May I ask you to hold for a moment, please?

と言えば、さらに丁寧な言い方に。

（お客を待たせて）
少々お待ちください。

△ Wait a minute.

とにかく通じる！ Just a second.

とにかく通じる！ I'll be right there.

◎ Could you wait for one moment?

解説

△ 通じるけれど

Wait a minute.　待って。

通じるでしょうが、フランクすぎて失礼に聞こえることも。フランクな相手ならビジネスの場でもなんとかOK。友達、家族などの場合は問題ないでしょう。

とにかく通じる！

Just a second.　ちょっと待っててください。

カジュアルな言い回しですが、ビジネスシーンでもよく使われます。「すぐ行きます」という意味。

Just a second, please.

のようにpleaseをつければ丁寧になりますが、Just a second.だけでも、フレンドリーに元気に発音すれば問題ありません。

Just a <u>minute.</u>
Just a <u>moment.</u>
もよく使われます。

とにかく通じる！

I'll be right there. すぐ行きます。

カジュアルですが、感じよく発音すればお客様にも使えます。

I'll be there in a minute. や

I'll be right there in a minute. でも OK です。

また、

I'll be there at 5:00.

とすると「5時に行きます」という意味に。このバリエーションもあわせて覚えておくと便利です。

◎ パーフェクト

Could you <u>wait for one moment</u>?
少々お待ちいただけますか？

もっともわかりやすく、かつ丁寧。電話の場合は wait を hold on に換えた

Could you <u>hold on</u> for one moment？

などが一般的です。どちらのフレーズでも moment は sec（読みは「セク」、second「秒」の略）に言い換えられますが、カジュアルでフレンドリーなニュアンスになるので、相手がクライアントのときは人を選びましょう。

彼は今ちょっと手が離せないのですが。

× He cannot let his hand go right now.

 He seems busy now.

◎ He's not available right now.

◎ I'm sorry, but he's tied up with something right now.

解説

× ムリ

He cannot let his hand go right now.
彼は今、どうしても手を失うわけにはいかない。

　日本語を直訳したこの表現では通じません。事故か何かで、手を失うことになる状況にある人が、「そんなことできない」と言っている様子と受け取られるかも。ちなみに「できない」と言うときはふつう、会話ではcan'tを使います。cannotは「何かを強く否定したいとき」や「怒っているとき」に使います。

とにかく通じる！

He seems busy now. 　彼は今、忙しいようです。

busyを用いた表現として日本人が使いがちなのは、

I'm sorry, but he's busy.（すみません、彼は今忙しくて）

でしょう。意味は問題なく通じますが、大事なお客様に対して使うというより、しつこい営業の電話に使うというイメージ。そこまで失礼ではありませんがフレンドリーともいえません。

He seems busy now.

のように、seemを用いた表現にアレンジすれば、ソフトな感じになるのでOK。nowをat the momentに換え、

He seems busy at the moment.

にすると「彼はちょっと今、忙しいようです」という感じになり、nowよりさらに相手を気遣う表現になります。

◎ ほぼパーフェクト

He's not available right now.

彼は今ちょっと、手が離せません。

availableは「手があいている」という意味。ですからnot availableで「手があいてなくて」という意味を表すことができます。nowではなくright nowとすることで「今はちょっと」というニュアンスを出すことができます。

◎ パーフェクト

I'm sorry, but he's tied up with something right now.

彼は今、手がふさがっておりまして。

be tied up with ... は「…で手いっぱいである」という意味。これなら「忙しくて、今はどうしても…」という気持ちが、よりうまく伝わります。

よろしければご伝言を承りますが。

× I'll receive a message.

△ Please leave a message.

とにかく通じる！ Can I take a message?

◎ I can take a message, if you'd like.

解説

× ムリ

I'll receive a message.
私が伝言を受け取りましょう。

これでは「自分がメッセージを受ける」という意味にとらえられてしまい、まったく伝言する気がないことになります。

△ 通じるけれど

Please leave a message. 伝言を残してください。

一般に留守番電話の応答メッセージとして使われるフレーズ。相手を目の前にして言うと失礼で冷たい感じに。

とにかく通じる！

Can I take a message? メッセージを承りましょうか。

take a message は「メッセージをあずかる」という意味。フレンドリーな感じを出したいならこれでOK。こんな感じです。

A: Is Mr. Suzuki there? (鈴木さんはいらっしゃいますか？)

B: I'm afraid he's not here now. Can I take a message? (すみませんが、今、席を外しています。メッセージを承りましょうか？)

A: Just tell him I called. (電話があったとだけお伝えください)

◎ パーフェクト

I can take a message, if you'd like.
よろしければ、メッセージを承りますが。

文末に if you'd like とつけることで、「もしよろしければ」「差し支えなければ」といった意味合いが加わります。

I can take a message. と Can I take a message? のどちらもOKですが、前者のほうが少し前向きな感じに受け取られるでしょう。ちょっとした違いですが「喜んでやりますよ」というニュアンスが含まれるからです。会話はこんな感じで。

A: I'd like to speak with Mr. Tanaka.
(田中さんとお話ししたいのですが)

B: I'm afraid he's out of the office until 3:00. I can take a message, if you'd like. (あいにく、彼は3時まで戻らないのですが。よろしければ、メッセージを承ります)

A: Well, could you ask him to call me back as soon as possible? (では、お戻りしだい、こちらにお電話をいただくようお伝えいただけますか？)

B: Of course. (はい、わかりました)

とにかく通じる！ Hello, Hiroshi Yamada speaking.

◎ Thank you for calling. This is Hiroshi
Yamada speaking.

解説

とにかく通じる！

Hello, Hiroshi Yamada speaking.
はい、山田ひろしです。

　これは、自分が電話を直接とったときも、取り次がれた電話に
出るときにも使えます。職場でもプライベートでも使えるフレ
ーズです。ただ、ビジネスの場ではちょっとカジュアルな感じも。

Hello, <u>this is</u> Hiroshi Yamada speaking.

のようにthis isをつければ、丁寧度が増します。

◎ パーフェクト

Thank you for calling. This is Hiroshi
Yamada speaking.
お電話ありがとうございます。山田ひろしです。

　ビジネスの場ではこれくらい丁寧なフレーズがおすすめ。

　Thank you for calling.は、自分が電話を受けたとき、電話

を代わったとき、電話を切るとき、いずれも使える「お電話ありがとうございます」「お電話ありがとうございました」という意味のフレーズです。

コラム① ファーストネーム、ラストネーム、それともフルネーム?

電話などで名乗るとき、ファーストネームなのかラストネームなのか、それともフルネームで名乗るのか、と迷う人もいるかもしれません。特に決まりはなく、どれを名乗ってもいいのです。

たとえば、特に Mary Smith とか Bill Brown のような、シンプルでわかりやすい名前の場合はフルネームで名乗ることが多いようです。ただし、日本人の名前は長くて聞き取りにくい場合もあるので、相手を混乱させないよう、名字だけを名乗るほうがいいというケースもあるでしょう。

またビジネスの場で、ファーストネームだけを名乗っても失礼にはなりません。

コラム② Sorry to keep you waiting. の使い方

Sorry to keep you waiting.（すみません、お待たせしました）

日本語でもこう言って待たせた相手に謝りながら電話に出ることがありますが、英語でも本人に代わったとわかる状況ならこれでOK。

A: Is Mr. Yamada available?（山田さんはいらっしゃいますか?）

B: Just one moment, please.（少々お待ちください）

C: Sorry to keep you waiting. This is Hiroshi Yamada.
（すみません、お待たせしました。山田ひろしです）

A: Oh, thank you. This is ...（ああ、どうも。こちらは…）

△ I'm full now.

とにかく
通じる！▶ I'm really busy.

◎ I'm up to my neck in work.

解説

△ 通じるかも

I'm full now.　　　お腹いっぱいなんだ。

　いきなり言うと「お腹いっぱいなんだ」という意味になりますが、たとえば以下のような会話で、前後関係がはっきりしているなら通じるでしょう。

A:　Are you busy today?（今日、忙しい？）

B:　Yeah, I'm full now.（うん、今忙しいんだ）

これに近い言い方として

My plate is full.

というフレーズがあります。plate には「皿」のほかにもいろいろな意味があり、このフレーズにすると「やらないといけない仕事がもうすでにたくさんある」という意味に。また、

I have a full schedule. は

「スケジュールが一杯なんです」という意味として通じます。

I'm really busy.　今、すごく忙しくて。

I'm busy. では、たんに「忙しい」という状況は伝わりますが、日本語の「たてこんでいる」というニュアンスは出ません。really を加えて、

I'm really busy.

とすると「たてこんでいる」というニュアンスが加わります。

I'm too busy. （あまりに忙しい）

I'm so busy. （すごく忙しい）

I've never been so busy. （いまだかつてないほど忙しい）

などでもOK。

I'm up to my neck in work.
仕事でアップアップしているんだ。

「仕事がたてこんで参っている」という状況を伝えたいなら、このフレーズがおすすめ。up to は「…に至るまで」という意味。up to one's neck で「首までつかっている、アップアップ状態」という意味を表すことができるのです。

I'm up to my eyeballs in work.

（※直訳は「目玉まで仕事につかっているよ」）

でもOK。他にもネイティブがよく使うものに

I don't even have time to think. （考える暇さえないんだ）

I'm too busy to even think.

（忙しすぎて、考えることさえできない）

などもあります。

あいにく先約がございまして。

× Then I have apo.

 Sorry, I'll be busy then.

◎ I'm sorry, I have an appointment at that time.

解説

× ムリ

Then I have apo. その次に「アポ」がある。

Then を始めに置くと、「その時は」ではなく「その次に」という意味に。また、英語ではapoと略すと通じません。犬のえさのAlpoのことと間違えられるかも。

とにかく通じる！

Sorry, I'll be busy then.
ごめんなさい、その時間は忙しいでしょう。

これでうまく通じます。Sorryの部分は I'm afraid に換え、

I'm afraid I'll be busy then.

とすると、よりスマートな表現に。

また I'll be busy then. の部分を

I'll be busy at that time.

とする言い方もよく使います。

また、at that timeの部分を、

at that hour（その時間）

on that day（その日）

during that week（その週）

during that month（その月）

などに言い換えることもできます。

会話では、こんなふうに使います。

A: Do you think we could meet on Monday at 1:00?

（月曜の1時にお会いできるでしょうか？）

B: Sorry, I'll be busy then. But 3:00 would be okay for me.（すみません、そこはちょっと忙しくて。3時でしたら大丈夫なのですが）

A: That would be great.（それでいいですよ）

B: Okay, so we'll see you at 3:00 on Monday.

（はい、では月曜の3時にお会いしましょう）

◎ パーフェクト

I'm sorry, I have an appointment at that time.
すみませんが、その時間は別の約束が入っています。

うまく通じますが、ただし発音の際、I'm sorryの後に間を置かないと「そのとき、先約があることを後悔しています」という意味に。

たとえば、

I'm sorry I didn't buy an umbrella.

は、「傘を買わなかったことを後悔している」。

47

I'm sorry の後にちょっとだけ間を置くと、

「ごめん」「残念だけど」

という意味になります。

また I'm afraid を前に置いて、

I'm afraid I have an appointment at that time.

（申し訳ありませんが、その時間は別の約束がありまして）

と言っても OK。

I'm afraid ... は、後に何か「残念なこと」を続けるときの定番
フレーズです。

会話では、こんなふうに使います。

A: Let's meet at 3:00 on Friday.

（金曜日の3時にお会いしましょう）

B: I'm sorry, I have an appointment at that time. How
about at 3:00 on Thursday?

（すみませんが、その時間は別の約束がありまして。木曜の3時はい
かがでしょうか？）

A: Well, 4:00 might be better for me.

（では4時ではいかがでしょう。こちらもそのほうが助かります）

B: Okay, sounds good. （わかりました、そうしましょう）

| コラム　丁寧に言いたいときはこれ

Unfortunately, I have a previous engagement.

（あいにくなのですが、先約がありまして）

丁寧に言いたいときは、こんな表現でも OK。

ただしあまりに丁寧すぎてかえって失礼になるような場合も
あるので、相手や状況に応じてうまく判断してください。

都合をつけます。

△ I'll change my schedule.

△ I'll try to find time.

 I'll make time.

解説

△ 通じるけれど

I'll change my schedule. 予定を変えます。

意味は通じますが、「仕方ないな」というネガティブなニュアンスに聞こえることもあるので、相手は

I'm sorry to inconvenience you.

（ご迷惑をおかけして申し訳ありません）

と返してくるかも。また、

I'll arrange my schedule.（スケジュールを調整します）

とすると、change my schedule に比べて嫌みな感じが軽減されたソフトな響きですが、「予定をやりくりします」「なんとか他の予定を動かして調整してみます」という「無理をする」というニュアンスになります。ですから相手に対して

Could you arrange your schedule?

（なんとか都合をつけていただけますか？）

と言う場合にはOKです。

I'll try to <u>find time</u>. 時間を探してみます。

問題なく通じますが、「なんとか時間を見つけてみますが、難しいかも」というネガティブなニュアンスに聞こえる場合も。

I'll <u>make time</u>. 時間を作りましょう。

簡単な言い方ですが、積極的な響き。

A: I'll find time. （時間を探してみます）

B: Don't find time, <u>make time</u>.

（時間は探すものではなく、作るものだよ）

というやりとりが交わされることがよくあります。つまり、「難しいけれど時間を作りましょう」という積極的な表現ということです。さらに

I'll make time for you.

とすると、より感じのいい表現に。「あなたのためなら他の予定を変えてもいいです」、つまり「あなたが誰よりも大切な人ですから」という気持ちも含めることができるからです。こんな感じで使います。

A: Do you have time next week?

（来週、お時間ありますか？）

B: Sure, I'll make time for you.

（はい、あなたのためにお作りしますよ）

A: Thanks so much. How about on Friday at 4:00?

（それはどうもありがとう。金曜日の4時くらいはどうです？）

B: That's no problem. （大丈夫ですよ）

コラム 「ご都合に合わせます」と言いたいときはこれ

「都合に合わせます」は、よく、

I'll adjust my schedule accordingly.

（必要に応じてこちらのスケジュールを調整します）

I'll adjust my schedule according to your needs.

（あなたのご都合に合わせてスケジュールを調整します）

のように訳されることがあります。

けれど実際によく使うのは、もっとカジュアルな以下のような表現。カジュアルなフレーズのほうが、相手も気を使わなくてすむことが多いのです。

Anytime is fine with me.

（こちらはいつでも大丈夫です）

I don't mind adjusting my schedule.

（こちらのスケジュールを調整しますよ）

Just let me know when's convenient for you.

（あなたのご都合のよいときを教えてください）

A: Why don't we have the next meeting on Friday?

（金曜日に次のミーティングをしませんか？）

B: Anytime is fine with me. （こちらはいつでも大丈夫です）

A: Okay, how about at 2:00?

（わかりました。では2時でどうでしょう？）

B: That sounds good. （はい、大丈夫です）

（電話を切りながら）
お電話ありがとうございました。

× Thank you phone.

× Thank you for the call.

とにかく
通じて
パーフェクト！
Thank you for calling.

解説

×ムリ

Thank you phone. 電話さん、ありがとう。

これでは「電話」に対するお礼に。また、for を入れた
Thank you <u>for</u> the phone／telephone.（電話機をくれて、ありがとう）
でも通じません。これでは「電話機本体をくれた」ことに対
するお礼の言葉に。

×誤解のもと

Thank you for the call. 電話をくれてありがとう。

「今かけてくれている電話」に対して言っているということが明
確な状況なら「電話をありがとう」という意味として通じます。

ただし、状況が明確でない場合は「留守電のメッセージ、あ
りがとう」、あるいは「この間、電話をくれてありがとう」など、
どうにでも受け取れる言い方に。そもそも the call という言い

方は、後に何か省略された「その電話」という意味。

Thank you for <u>the call</u> you made to me.

これは「電話をくれて、ありがとう」という意味ですが、「先ほどの電話、ありがとう」や、あるいは

Thank you for the call you made to me yesterday.

（昨日の電話、ありがとう）

という意味になる可能性もあるのです。いずれにせよこれは、ネイティブは使わない言い回し。けれど

Thank you for your call. ／ Thank you for this call.

も不自然。ネイティブはふつう使いません。Thank you for the call. のほうがまだ通じやすいでしょう。ちなみに

Thank you for the message.

は一般的に「留守番電話にメッセージを残してくれてありがとう」という意味として使います。ただ、電話をくれたことに対するお礼だと明確にわかる状況なら、なんとか通じるでしょう。

とにかく通じてパーフェクト！

Thank you for calling.
お電話、ありがとうございました。

ビジネスシーンで受けた電話を切るときの決まり文句です。

Thank you for calling. は

Thank you for calling me.（私に電話してくれてありがとう）

の省略です。相手に安心感を与える表現。これは

Thank you for coming.（来てくれてありがとう）

Thank you for helping me.（手伝ってくれてありがとう）

などのようによく使われる構文なので覚えておきましょう。

スミスさんをお願いできますか？

✕ I want Mr. Smith.

△ I want to talk with Mr. Smith.

とにかく通じる！ # Mr. Smith, please.

◎ Is Mr. Smith available?

解説

✕ 誤解を招く

I want Mr. Smith. スミスを出して。

意味はなんとか通じますが、これではなんだか怒って相手を呼び出す場合に使うような言い方。ビジネスの場で使うと相手は驚くでしょう。

△ 通じるけれど

I want to talk with Mr. Smith.
スミスさんとお話をしたい。

ネイティブも使うカジュアルな言い方。友達の家に電話する場合には問題ありません。ただし、ビジネスの場では、相手によってはちょっとカジュアルすぎる場合も。

とにかく通じる！

Mr. Smith, please. スミスさんをお願いします。

　自分の会社に電話してオペレーターに話す場合には使えますが、お客様のところに電話してこう言うと、ちょっとぶっきらぼうに聞こえる場合も。

　ただ、pleaseをちょっと延ばし気味に語尾を上げて、元気に発音すればフレンドリー感を出せます。初めてのクライアントに対して使う場合はちょっとカジュアルすぎるかもしれませんが、何度か電話したことのあるクライアントなら問題はないでしょう。

　こんな感じで使います。

A:　Hello, this is Hiromi. （もしもし、ヒロミです）

B:　Oh, hello, Hiromi. （ああ、ヒロミ、こんにちは）

A:　Mr. Smith, please. （スミスさんをお願いします）

B:　Just a moment. （ちょっとお待ちください）

◎ パーフェクト

Is Mr. Smith available?
スミスさんはお手すきでしょうか?

　ビジネスでもっとも一般的に使われる言い方。availableは「手があいている」というニュアンス。

　また、

Is Mr. Smith available at the moment?

（スミスさんは今、お手すきでしょうか?）

のような言い方にすると、より好感度が増します。

at the momentをnowに換えてもOK。

ごぶさたしております。

△ Long time no see.

 It's been awhile.

◎ It's been a long time.

解説

Long time no see.　　お久しぶり！

「お久しぶりですね！」という意味の決まり文句として覚えている人も多いでしょう。意味はちゃんと通じますが、ビジネスの場で上司や取引先相手に使うには、ちょっとカジュアルすぎる場合も。親しい上司やクライアントならOKです。

また、数週間会っていない相手なら大丈夫ですが、何年も会っていない親しい友達などに対する場合は、ちょっとドライすぎるかも。

とにかく通じる！

It's been awhile.　　お久しぶりです！

なれなれしい感じがせず、失礼でもありません。ニュートラルな感じ。

awhileの部分を［アホ**ワーイル**］のように強調して言うと、「ほんとに久しぶりですね」というこちらの気持ちがよりうまく伝わります。

前にIt's so good to see you. をつけて、

It's so good to see you. It's been awhile.

（会えて嬉しいです。お久しぶり！）

とすると、「久しぶりに会えたことを喜んでいる」という気持ちがうまく通じます。

◎ パーフェクト

It's been a long time.　　ごぶさたしております。

きちんとした感じのフレーズ。

もう少しフレンドリーな感じにしたければ、

It's been a long time, hasn't it?（お久しぶりですね）

とすればOK。

また、こんな言い方もあります。

It's been how long since I last saw you.

（最後に会ってから、どれくらいになるかな？）

文章としては疑問文ではありませんが、語尾を上げて疑問文的に使う表現です。これで「ごぶさたしています」という気持ちがうまく伝わるフレンドリーな言い方になります。このように、ネイティブはときどき、平叙文の語尾を上げるだけで疑問文にする、ということも覚えておきましょう。さらに

It's been how long?（どれくらいたつかな？）

だと、さらにフレンドリーかつカジュアルに。カジュアルですが、きちんとした言い方なので、ビジネスの場でも使えます。

お忙しいところを申し訳ありません。

× Sorry for your busy time.

とにかく通じる! **Sorry for interrupting.**

◎ Sorry to bother you when you're so busy.

解説

× 不自然

Sorry for your busy time.
あなたの忙しい時間に対して、ごめん。

　言いたいことは通じるかもしれませんが、これでは「時間」に対してわびていることになり、英語としても不自然です。

とにかく通じる!

Sorry for interrupting. お邪魔してすみません。

　interruptは「仕事などを邪魔したり中断させたりする」という意味。[ソーリィフォ　インタラプティング]という感じで発音します。

　少し余裕がある人は、前にI know you're busy, so ... をつけると、「お忙しいところ」という気持ちがよりうまく伝わります。

I know you're busy, so sorry for interrupting.

58

（お忙しいことは承知しておりますのに、お邪魔してすみません）

◎ パーフェクト

Sorry to bother you when you're so busy.
お忙しいときにお邪魔してすみません。

botherは仕事に限らず、とにかく相手を「邪魔する、悩ます」という意味。丁寧かつシンプルなフレーズで、忙しい相手に対して「申し訳ないのですが」という気持ちがうまく伝わります。

「すみません」というと I'm sorry for ... というフレーズを使いがちですが、これはかなり真剣な謝罪の言葉。

I'm sorry for hurting your reputation.
（あなたの評判に傷をつけてしまって本当に申し訳ありません）

I'm sorry for wrecking your car.
（あなたの車をめちゃめちゃに壊してしまって本当にすみません）

のような深刻な事態で使うので、状況によっては逆に相手にプレッシャーを与えることに。一方、Sorry to ... はもっとカジュアルな状況、また「今現在」のことについて使う表現。「お邪魔してすみません」と言う場合はこちらがよいでしょう。

コラム　相手の仕事を中断させた後の「すみませんでした」は？

仕事中の相手を中断させてしまった後に、「すみませんでした」と謝りたいときは、こんなフレーズも使えます。

Sorry for the interruption yesterday.
（昨日はお邪魔してすみませんでした）

Sorry for the interruption when you were busy.
（お忙しいなか、すみませんでした）

一度、会っていただけませんか？

× I want to meet you once.

 Maybe we can meet ...?

◎ I'd like to meet with you at your convenience.

解説

× 誤解のもと

I want to meet you <u>once</u>.
一回だけあなたと会いたいです。

「二回はいやだ」というニュアンスに聞こえてしまいます。日本語の「一度」には遠慮の気持ちが込められて「とにかく一度」という感じで使いますが、英語でonceと言うと

Why only once?（どうして一回だけ？）

と思われてしまいます。

たんに I want to meet you. と言うほうがまだいいでしょう。

とにかく通じる！

Maybe we can meet ...?　たぶん、お会いできますよね…?

相手も会いたいという気持ちが強いとわかっている場合なら、このようなちょっとぼかした言い方でもOK。相手は

Sounds good! How about next week?

（いいですね！　来週はどうでしょう？）

のように返してきて、具体的な話に発展していくでしょう。

これをもう少しきちんとした文章にした

Do you think we could meet sometime?

（いつかお会いできるでしょうか？）

は、「お会いしてみるのはどうでしょうか？」という感じの遠慮したソフトな言い方。ただ、OKですが「ぜひ会いたい」という意気込みは感じられません。sometimeは遠い未来も含むので、ちょっと積極性に欠ける場合もあるでしょう。

◎ パーフェクト

I'd like to meet with you at your convenience.
ご都合の良いときにお会いしたいのですが。

meet with +人は「（人と）打ち合わせをする」という意味で使います。たんにmeetと言うと、「会う」「出会う」両方の意味があるので少しあいまいです。たとえば

I met Mr. Green.

は「グリーンさんに出会った」という意味にもなりますが、

I met with Mr. Green.

なら「グリーンさんと打ち合わせをした」という明確な意味になります。

差し支えなければ、そちらにうかがいます。

✕ If you're not trouble, I go.

✕ No problem, I can go.

とにかく通じる！ I'll go there, okay?

◎ I really don't mind going to your office.

解説

✕ムリ

If you're not trouble, I go.
もしあなたが人に迷惑をかける人でないなら、私行きます。

「人＋be動詞＋trouble」は「問題を起こす嫌なやつ」という意味。

ちなみに

If you're not in trouble, I'm going to go.

としても通じません。

「あなたが困っていないなら、おれが行くことになってるから」

という感じに。

going to go は「（相手の都合と関係なく）行くことになっている」というニュアンスです。

✕ 誤解のもと

No problem, I can go.　　問題ない、行ける。

ビジネスの場ではカジュアルすぎるでしょう。I can go. には「行きたい」というニュアンスがなく「行こうと思えば行けるよ」という感じで、あまり前向きな姿勢がうかがえません。

とにかく通じる！

I'll go there, okay?
君のオフィスに行くよ、いいね？

ちょっとぶっきらぼうで強引な感じはしますが、意味は通じます。I'll は「…をすることにしよう」とその場で決めたというニュアンスを出せます。

やや強引な感じですが、やわらかいイントネーションで言えばOK。またokay? は語尾を上げて質問っぽく発音すれば「…でいいですか？」というニュアンスを出せます。強く言うと「わかったな」という意味になるので注意。

いずれにせよ、この表現は相手の都合を確認したうえで使いましょう。たとえば、

Do you have time on Friday?

（金曜日はお時間ありますか？）

Why don't we get together tomorrow?

（明日お会いしましょうか？）

のような感じで確認すればOK。発音が心配な人は、

If you don't mind ...

を前に置けば大丈夫。それで「差し支えなければ」という気持ちがうまく伝わります。

そちらのオフィスに、と正確に伝えたい場合は、

I'll go to your office, okay?

と言いましょう。また、

If it's not a problem, I'll go to your office.

（問題なければ、私はあなたのオフィスに行きますよ）

という言い方もできます。ただ、これでもまだ少し強引な感じ。

◎ パーフェクト

I really don't mind going to your office.
あなたのオフィスにおうかがいするのは、ぜんぜんかまいませんよ。

I really don't mind ... と言うと「行くのはぜんぜん嫌ではない」「こちらからおうかがいしたい」という前向きな気持ちがうまく伝わります。

「差し支えなければ」をつけなくても十分伝わりますが、丁寧な感じを出したければ、

if you don't mind

を前か後につけてもいいでしょう。

その場合、don't mind が重なりますが、会話ではよく

I really don't mind going to your office, if YOU don't mind.

（あなたが嫌でなければ、こちらはぜんぜん嫌ではありません）

のような言い方をします。you を強調するとうまく気持ちが伝わります。

また office は place にしても OK です。

いつならご都合がよろしいですか?

When's good for you?　あなたはいつがいい?

When を主語にした聞き方でWhen is good for you?の略です。カジュアルな表現ですが丁寧に発音すればOK。また

When's okay for you?

でもOK。友人とのやり取りなどの場合は、ピッタリの表現なので、ぜひ覚えておきましょう。

When <u>would be</u> a good time for you?
あなたにとっては、いつがご都合よろしいですか?

ビジネスシーンで、都合のよい日を尋ねるときのもっとも一般的なフレーズ。is を would be とするだけで、丁寧度がグンと増します。「あなたにとって、いつ都合がいいですか?」というニュアンスがうまく伝わる表現。

A:　We need to discuss the budget.

（予算について話し合う必要がありますね）

B:　I know. When would be a good time for you?

（そうですね。そちらはいつがご都合よろしいですか?）

A:　Anytime after 2:00 tomorrow.

（明日の2時以降ならいつでも）

B:　Okay, let's meet at 3:30.

（わかりました。では3時半にお会いしましょう）

A:　No problem.（はい、わかりました）

ちなみに、**When would be good for you?**でもOK。

お戻りは何時ごろでしょう？

✕ What time is your back?

✕ What time do you come back?

 When will you be back?

◎ Around what time are you going to be back?

解説

✕ **ムリ**

What time is your back?　背中は何時ですか？

これでは通じません。ちなみに What time is your return? はあまり使いませんが、What time is your return flight? なら「帰りの飛行機は何時の便ですか？」という意味に。

✕ **誤解のもと**

What time do you come back?
いつも何時に戻るんですか？

これでは「いつも」という習慣を聞いていることに。また、come back は少しあいまいで、到着時間か出発時間かが不明確。get back とすると「こちらに到着する時間」という意味に。

When will you be back?　いつ戻る？

かなりカジュアルな言い方ですが、丁寧に発音すれば大丈夫でしょう。ちなみに When を What time（何時）にした

What time will you be back?（何時に帰ってくるの？）

は、ちょっときつい言い方で「何時に帰ると約束しますか」というニュアンスに。相手に「きっかり何時か」という正確な時間を言わせたい場合に使います。

◎ **パーフェクト**

Around what time are you going to be back?
だいたい何時ごろ戻られますか？

will を使って、特に will をはっきり発音すると、「どうするつもり？」「そう約束できる？」と相手に迫るニュアンスになります。そんな誤解を避けたいときには be going to を使いましょう。これなら「予定」を聞く表現に。

What time are you going to be back?

でもよいのですが、これでも「何時きっかりに戻るのか」と聞かれているようなプレッシャーを感じる相手もいるでしょう。こんなときは Around や About を前に置くだけで全体のニュアンスが柔らかくなります。また what time を when にした

Around／About when are you going to be back?

でも OK。

これらのフレーズを、「彼は（お戻りは何時ごろでしょう？）」なら he、「彼女は」なら she などのように、状況に応じてアレンジして使ってみてください。

メールアドレスを教えてもらえますか？

× Teach me your email address.

× I want your email address.

△ Can you tell me your email address?

 Can I have your email address?

◎ Maybe I could get your email address.

解説

× ムリ

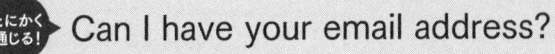 Teach me your email address.
あなたのメールアドレスのことについて、教えて。

teach は「ある物事について、きちんと系統立てて教える」
という意味なので、上の例文は「メールアドレスってどんなも
のなのか教えて」という意味になります。

Teach は

Teach me Spanish.（スペイン語を教えて）

Teach me accounting.（経理について教えて）

のような状況で使うのなら自然です。

×誤解のもと

I want your email address.
メールアドレスを出しなさい。

I want your ... は「…を出しなさい（見せなさい）」というかなり強い言い方。警察などが

I want your driver's license. （運転免許証を見せなさい）

I want your passport. （パスポートを出しなさい）

などと言いますが、そんな雰囲気になります。

△ 通じるけれど

Can you <u>tell me</u> your email address?
メールアドレスを教えてくれますか？

これなら問題なく通じます。失礼な感じではありませんが、ちょっとストレートすぎる感じです。友達や仲のいいクライアントなどにはOKですが、ちょっと遠慮が必要な場合は避けたほうが無難。

また、日本人がよく間違えるパターンとして、

Can you <u>tell</u> your email address?

が挙げられます。meを抜かしてしまうだけで「メールアドレスに言ってもらっていい？」という意味になるので注意。tellは「（すぐ後に置いた目的語）に対して告げる」という意味なので、上の例文は「メールアドレスに言える？」という意味になるわけです。たとえば、

Can you <u>tell</u> your lawyer?

（あなたの弁護士に伝えてもらえますか？）

のような使い方をします。ですからtellの後にmeを置いて

Can you <u>tell me</u> your email address?

とすれば「私にあなたのメールアドレス、教えてもらえますか?」という意味になるのです。

<u>Can I have</u> your email address?
メールアドレス、教えてくれませんか?

Can I have … はよく使うフレーズで「…をくれる?」「教えてくれる?」など何か自分がしてほしいことを相手に伝えることができる便利な表現で、これなら I want … よりも丁寧です。

相手がよほどの「大物」などではない限り、フレンドリーに話しかければ、ビジネスの場で友好的な関係を作りたい場合にも使えるでしょう。

Maybe I could get your email address.
よろしければメールアドレスを教えてもらえますか?

Maybe I could … は疑問文ではありませんが「…してもいいですか?」という質問と同じように聞こえます。

こう言われた場合は、

Sure.(ええ)

Of course.(もちろん)

のように答えます。

<u>Could I get your email address?</u> も自然ですが、

<u>Maybe I could get …</u> のほうが婉曲（えんきょく）的で、丁寧に聞こえます。

ちょっと急用ができて、明日の打ち合わせを延期したいのですが。

Something came up, and I'm afraid I need to reschedule tomorrow's appointment.

ちょっと困ったことになりまして、申し訳ないのですが、明日のお約束のスケジュールを変更させていただきたいのですが。

＊Something came up（何か起こった）は
Something bad came up（何か悪いことが起こった）
というニュアンスを含ませた言い方。これで、「ちょっと困ったことがありまして」に近い表現になります。
＊come up は「急に出てくる、発生する」という意味。

I'm afraid an emergency came up. Would it be possible to reschedule our appointment tomorrow?

申し訳ないのですが、急用ができまして。明日のお約束、スケジュールを変更させていただくことは可能でしょうか？

＊Would it be possible to ...? は、かなり丁寧な表現。「もしよろしければそうしていただくことは可能でしょうか？」というニュアンス。

　上記の２つの英文は、どちらも I'm afraid を使っている点に注目してください。このひとことで、「すみませんが」という気持ちがうまく伝わります。

電話を間違えたようです。

Oh, I'm sorry. I have the wrong number.
あ、すみません。番号を間違えました。

オーソドックスで、もっともよく使われるフレーズ。

こんな感じで使います。

A: I'd like to talk with Bill Green.

（ビル・グリーンさんとお話ししたいのですが）

B: Bill Green? Do you mean Bill Smith?

（ビル・グリーン？　ビル・スミスのことでしょうか？）

A: Oh, I'm sorry. I have the wrong number.

（あ、すみません。電話番号を間違えました）

B: No, problem.（そうですか）

I'm afraid I have the wrong number.
すみません、番号を間違えました。

これも丁寧な表現。

Sorry, wrong number.　　すみません、間違えました。

日常会話では使いますが、丁寧とはいえず、ビジネスの場ではちょっとカジュアルすぎるでしょう。

Wrong number.　　間違えました。

これも使いますが、ビジネスの場ではぶっきらぼうすぎます。

Chapter **3**

とにかく通じる！
「打ち合わせ」
フレーズ

すみません、ちょっと遅れました。

× Sorry, I was late.

とにかく通じる! ▶ Sorry for being late.

とにかく通じる! ▶ Sorry, I was delayed.

◎ Sorry to keep you waiting.

解説

× 誤解のもと

Sorry, I was late. すみません、遅れました。

ここでの問題は過去形になっていること。これでは、「今」ではなく、「昨日」とか「先週」の話をしているように聞こえます。When was that?（いつのことですか？）と返されるかも。

とにかく通じる!

Sorry for being late. 遅くなってごめんなさい。

I'm sorry for being late. なら、かしこまった真剣な謝り方。本当に相手に迷惑をかけた場合には違和感なく使えます。

ただし、ちょっとだけ遅れた場合にこう言うと、

It's only five minutes. You don't need to apologize.

（たった5分なんだから、そんなに謝る必要はないですよ）

74

と返されるかも。Sorry for being late. ならちょっと軽くなり、日本語に近いニュアンスになります。

とにかく通じる！

Sorry, I was delayed.

すみません、いろいろあって遅れました。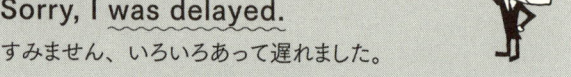

be delayedの場合「何らかの理由がある」のが前提。

The plane was delayed. なら「飛行機が悪天候のため遅れた」などのニュアンスがあります。ですから、たんに忘れていたのではなく「仕事など何らかのちゃんとした理由があって」というニュアンスを伝えたいならこれ。

◎ パーフェクト

Sorry to keep you waiting.

お待たせしてごめんなさい。

素直でスマートな感じの謝り方。これは待ち合わせや会議にちょっと遅れるとか、電話でしばらく相手を待たせた場合など、いろいろな場面で使えます（Sorry for と Sorry to のネイティブ流・使い方の違いについては、59ページの「パーフェクト」を参照）

使い方はこんな感じ。

A: Hi, I thought you were going to come at 3:00.

（やあ、君、3時に来るかと思ってたんだけど）

B: Sorry to keep you waiting. The train was late.

（お待たせしてごめんなさい。電車が遅れてしまって）

お待ちしておりました。

× I waited for you.

× I've been waiting.

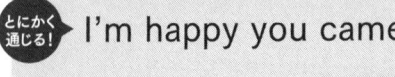 **I'm happy you came.**

◎ We've been waiting for you.

解説

× ムリかも

I waited for you.
待ったけど来なかったから、先に行ったよ。

　この表現だと「なんで来なかったの」と、相手をちょっと責める言葉に。もちろん笑顔たっぷりで、身振り手振りで歓迎の気持ちを込めながら言えば、なんとか通じるでしょうが。

× 誤解のもと

I've been waiting.　私、ずっと待ってたんですよ。

　ちょっと冷たい響きで、怒っているように聞こえることも。

I've been waiting for a long time.（ずっと待ってたんだよね）

と同じ意味で、待ちくたびれたよという皮肉にも聞こえます。

とにかく通じる！

I'm happy you came.
来てくださって嬉しいです。

これは相手が来てくれたことを素直に喜んでいることを伝える表現で、ビジネスの場でもカジュアルな場でも使えます。

似た表現に

I'm glad you came.

があります。もちろんこれでも通じますが、

「もしかして来られないかも」と心配したが来てくれてほっとしている、嬉しい、という気持ちを表したり、あるいは「来ることに決めてくれて嬉しいです」という気持ちを表すこともあります。

「来てくれて嬉しいです」というより、「ほっとした」という気持ちを表現するときに使うことの多いフレーズといえるでしょう。

これを

I'm glad you could come.

というふうに you could come とするとうまく通じます。couldを使うことで、相手自身も来ることを望んでいて、そして実際に来ることができた、というニュアンスを出すことができるので、「よく来てくれたね」という嬉しい気持ちを表すことができるのです。

この表現は、「来られないと思っていた人」が「来られて、よかった」という場面や、ほかに知っている人がいないような場に、知り合いが来てほっとした、というような場面でも使えます。

We've been waiting for you.

ようこそ、お待ちしていました。

　直訳すると「私たち、あなたを待っていました」となりますが、このフレーズなら「心待ちにしていました」「ようこそ」といった歓迎の気持ちを込められます。主語をWeにすることで「私たちみんな」という気持ちがよりうまく伝わります。

We've been looking forward to seeing you.

（あなたにお会いするのを楽しみにしていました）

と言えば、さらに「歓迎の気持ち」がうまく伝わるでしょう。

コラム　I'm waiting. の意味は？

「お待ちしています」と言いたいとき、

I'm waiting.

と言ってしまいがち。けれどこれでは

「待ってるんですけど。早くして」　という意味に。そしてこう言われた相手はFor what?（何を？）と返してくるかも。

　I'm waiting. は、たとえば質問したけれど返事がない、というような場合に、相手に「催促」するときに使うちょっと強い言い方。たとえばいたずらをした生徒に、先生がなぜそんなことをしたのかと質問しても、生徒はなかなか答えようとしない。そこで「答えるの、待ってるんだけど」と問いただそうとするときなどに使います。

　つまり、相手にプレッシャーを与えるひとことなのです。

「お待ちしています」は

I'll be waiting for you. のように言いましょう。

お掛けになってお待ちください。

Be seated, please.　　　お掛けください。

命令形で無愛想な感じに聞こえるかもしれませんが、じつはフランクに「お掛けください」という感じで使える表現。「お待ちください」が抜けていますが、特に大きな問題ではないでしょう。主に複数の相手（10人前後）に対して使う表現です。

Have a seat while you wait, if you'd like.
よろしければ、お待ちいただく間、お掛けください。

Have a seat. はSit down. にくらべ、かなり丁寧な響きに。お客様に「お座りください」と言うときはこれを使いましょう。

Have a seat, please. とか

Would you like to have a seat?

などでも丁寧ですが、たとえ形は命令形でも、にっこりしながら Have a seat. と言うだけで、気持ちは十分伝わります。

while は「〜している間」の意。丁寧に言いたい場合は語尾に **if you'd like.** を加えます。Have a seat, please. はこんな感じで使います。

A:　How can I help you?（いらっしゃいませ。ご用件は？）

B:　My name is Mariko Suzuki. I'm here for an interview. （スズキ・マリコと申します。面接に来ました）

A:　Oh, okay. Have a seat, please.
（わかりました。どうぞお掛けください）

B:　Thank you.（ありがとうございます）

× I will show you.

× I'll guide you.

とにかく
通じる！ ▶ Please follow me.

◎ Right this way, please.

解説

×ムリ

I will <u>show</u> you. 　　復讐してやるからな。

これは決まり文句的に「今に見ていろ！」「復讐してやるから
な」というリベンジの言葉として使われるフレーズ。特にwill
を強調して発音すると強い意志を表し、「復讐してやる」という
ニュアンスが強まります。たとえば「あなたはバカで何にもでき
ない」と言われ、「あなたに何がわかるの？　教えてやるわ
よ！」と返すようなときに使うフレーズなのです。

I'll <u>show you to the meeting room.</u> ならOK。

×誤解のもと

I'll guide you. 　　私がガイドしますから。

guideは「案内する」のほか「導く」という意味もあります。

たとえば目の不自由な人に「ガイドしますので心配しないでください」と言うようなときに使うので、誤解を生じる可能性が。

また「案内する」→「連れて行く」という発想から、

I'm going to take you there.

と言ってしまう人もいるでしょう。これでもなんとか通じますが、take you there というフレーズは「車で連れて行く」という意味に受け取られる可能性があります。

とにかく通じる！

Please follow me.　　私について来てください。

「私の後について来て」という意味で、博物館のガイドが言いそうな感じですが、これで意味はうまく通じます。

さらに、Please follow me. の後に

I'll take you to the meeting room.（会議室までご案内します）

のように言えばベター。この状況なら take を使っても「車で案内」とは取られません。

◎ パーフェクト

Right this way, please.　　こちらへどうぞ。

お客様を案内するときによく使われる決まり文句です。たんに This way, please. でも OK ですが、right をつけると、ちょっとフレンドリーな感じに。はじめに

Thank you for waiting.（お待たせしました）

などの言葉を言った後に、**Right this way, please.** と言えばいいでしょう。

コニシ・ユキコと申します。よろしくお願いいたします。

× My name is Yukiko Konishi.
  I'm nice to meet you.

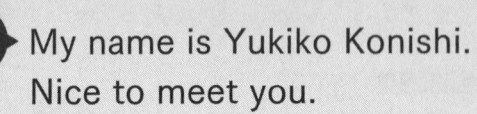

My name is Yukiko Konishi.
Nice to meet you.

◎ My name is Yukiko, Yukiko Konishi.
  Pleased to meet you.

◎ I'm Yukiko Konishi. Everyone calls me
  Yuki. I'm so happy to meet you.

解説

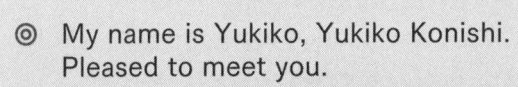

**My name is Yukiko Konishi. I'm nice to
meet you.**

私の名前はコニシ・ユキコです。親切にも、あなたに会って
あげましたよ。

Nice to meet you. を丁寧に言おうとして、

I'm nice to meet you.

と言ってしまう人もいるようです。ところがこれは文字通り
訳すと「あなたと会うことに同意するなんて、私って親切でしょ

82

う」というすごく偉そうな言葉になってしまうので注意。つまり You're nice to meet us.（私たちに会ってくださるなんて、ご親切に）の逆バージョンになってしまうのです。もちろん、こちらの気持ちをわかってくれるネイティブもいるでしょうが。

とにかく通じる！

My name is Yukiko Konishi. Nice to meet you.
私の名前はコニシ・ユキコです。お会いできて嬉しいです。

Nice to meet you. あるいは
It's nice to meet you. なら OK。

この表現は誰もが知っている定番の自己紹介です。カジュアルな言い方ですが、[nice] の部分を強調して、心を込めてにっこり笑いながら言えば、こちらの気持ちはうまく通じます。Nice to meet you. はあまりになじみ深いフレーズなだけに、緊張のあまり、平坦な発音で無表情で言ってしまうと、ちょっと社交辞令的な感じに響いてしまうので注意しましょう。

◎ ほぼパーフェクト

My name is Yukiko, Yukiko Konishi. Pleased to meet you.
私の名前はユキコ、ユキコ・コニシです。みなさんに会えて嬉しいです。

丁寧でシンプルな表現。硬すぎずカジュアルすぎず、ちょうどいい自己紹介の仕方です。

Yukiko, Yukiko Konishi のように、まずファーストネームを

名乗り、次にもう一度フルネームを名乗ることで「Yukiko が
ファーストネーム」であるということを確実に伝えるうまい名
乗り方です。

　日本人の名前を聞き慣れていない外国人は多いので、いきなり名前と名字を続けて発音すると、Yu-ki-konishi のように聞こえ、名前と名字の区別ができないのです。

　また、

Pleased to meet you.

はきちんとしたあいさつで使える表現ですが、フレンドリーな響きもあるので、自己紹介に適したあいさつです。

◎ パーフェクト

I'm Yukiko Konishi. Everyone calls me Yuki. I'm so happy to meet you.

私はユキコ・コニシです。「ユキ」と呼ばれています。みなさんにお会いできて、とても嬉しいです。

　My name is... は、自己紹介としてオーソドックスな言い方です。けれど、特に相手に親しみを感じさせたいときには、たんに I'm... と言うだけで OK。

　また、名前を言った後に、

Everyone calls me Yuki.（みんなはユキと呼んでいます）

のようにニックネームの紹介をするのもいいでしょう。

Just call me Yuki.（どうぞユキと呼んでください）

とすると、さらにフレンドリーな言い方になります。

I'm so happy to meet you.

と言うとこちらのフレンドリーな気持ちがうまく伝わります。

おっしゃることはよくわかります。

× I see what you said.

× I understand you.

とにかく
通じる! I see.

◎ Yeah, I see what you mean.

解説

| ✕ 誤解を招く |

I see what you said. あなたの口から文字が見える。

状況や相手によってはわかってもらえるかもしれませんが、see what you said という言い回しはないので、こう聞くとネイティブは文字通り「あなたが話したことを目で見る」という意味に受け取り「口からの文字が見える」というイメージが浮かんで、Where do you see it?(どこに見えるの?)と返したくなるでしょう。

| ✕ 誤解のもと |

I understand you. あなたのことはよくわかっています。

なんとか通じるでしょうが、これだと「あなたのことは心の底までわかります」「君のことは僕がよくわかっているから」と

いうニュアンスになります。とても仲のいい友達や恋人が「あなたのことはすべて受け入れます」と言いたいときに使うようなフレーズ。同じunderstandを用いた、

I understand what you're trying to say.

（あなたの言わんとしていることはわかります）

なら意味は通じます。ただし、これは相手の説明がたどたどしい場合に「（あなたの言い方は下手だけど）なんとかわかるよ」という感じで使うことが多い表現なので、相手の話し方をちょっと批判しているように聞こえることも。

とにかく通じる！

I see.　　なるほど。

あいづちとしてよく使われるフレーズですが「あなたの言っていることは理解しています」と伝えたい場合もこれでOK。ただし、事が深刻な場合や相手が自分に同情を求めているような場合には、ちょっと軽すぎることも。たとえば

My boss fired me for being late. I was late because all the trains were stopped.

（遅刻したら、ボスからクビにされたんだ。電車が全部ストップしたから遅れたのに）

と言われて

I see.

と返すと「うん、わかるよ」ではなく「あ、そう」「ふーん」と返しているように受け取られるでしょう。

◎ パーフェクト

Yeah, I see what you mean.
はい、おっしゃることはよくわかります。

このseeは「理解する」「わかる」という意味。「なるほど」という感じで、相手が難しいことを説明している場合にもよく使います。

ただし、たんに**I see what you mean.**と言うと、イントネーションによっては、ニュアンスが変わってしまいます。

トーンを下げ気味に言うと「おっしゃることはよくわかりますけど…」という感じで、「わかるけれど、ちょっと納得がいかないな」のようなニュアンスに。

前にYeah（はい、そうですね）をつけて**Yeah, I see what you mean.**とすると、真剣に考えて答えている感じになり、「おっしゃることはよく納得できますよ」というニュアンスを出すことができます。

コラム　I know you. はどんなときに使う？

「君のこと、よくわかるよ」と言いたくて、I know you. と言ってしまう人もいるようです。けれどこれは「君、知ってるよ！」という意味。久しぶりに会って、すぐに名前の出てこない人や、有名人を見かけた場合に使うフレーズなのです。

I know you! We went to high school together!
（君、知ってる！　高校で一緒だったよね）

I know you! You were in that movie.
（あなた、知ってる！　あの映画に出てましたよね）

のような感じです。

検討してみます。

△　I'll keep it in mind.

とにかく通じる！ ▶ **I'll think about it.**

◎　I'll take it into consideration.

解説

△ 通じるけれど

I'll keep it in mind.　　忘れないようにしておきます。

keep it in mind は「頭の中に入れておく」という意味。平坦な感じで感情を込めずに言うと社交辞令に聞こえます。さらにちょっと偉そうな響きに聞こえることも。真剣な顔で、他の質問などもしたりすると本当に検討すると伝わるでしょう。

とにかく通じる！

I'll think about it.　　検討してみます。

これなら「考えてみます」「検討してみます」という意味なので、前向きな返事としてうまく通じます。

ただし発音の仕方でニュアンスが違ってきます。真剣な声、真剣な顔つき、あるいはそれに続けて何か具体的な質問をするなどの使い方なら、こちらの「前向きに検討してみます」という気持ちが伝わります。けれど平坦な発音で冷たく言い放つ

と、遠回しな断り文句に。日本語でも「検討しておきます」を実際には断り文句として使うこともありますが、それと同じです。

「前向きに検討しておきます」と誤解のないように伝えるには、

I'll think about it and give you an answer tomorrow.

(検討してみて、明日お返事します)

のように具体的な返答時期を付け加えるのも手。あるいは、

Let's talk about it later. (後でまた話しましょう)

と付け加えると「次回までには考えておきますから」ということになり、遠回しな断り文句だとは思われません。

◎ パーフェクト

I'll take it into consideration.
検討しておきましょう。

これが「検討しておきます」というあらたまった表現にもっとも近いでしょう。遠回しな断り文句としても使いますが、そう思われないためには、真剣な声、真剣な顔つきで言いながら

I'll take it into consideration. Could you send me the report?

(検討してみますので、レポートを送っていただけますか?)

というふうに、具体的な話を続ければOK。

コラム　I'm considerate. はどんな意味?

considerの形容詞considerateは「(人に対して)思いやりのある、理解のある、察しのよい」といった意味。なのでI'm considerate. は「私、察しがいいのよ」という意味に。

上司に相談してみます。

× I'll tell my boss.

× I'll negotiate my boss.

とにかく
通じる! I'll consult my manager.

◎ I'll talk it over with my people.

解説

× 誤解を招く

I'll <u>tell</u> my boss. 　　上司に言います。

これでは「上司に言います」になり「相談」というニュアンス
が出ません。また、強い口調で言うと「上司に言いつけるぞ」と
いう意味にも聞こえます。次のような感じ。

You stole that money! I'll tell my boss.

（あの金を盗ったな！　ボスに言っておくからな）

× 誤解のもと

I'll <u>negotiate</u> my boss. 　　上司のことを交渉してみます。

相手や状況によっては通じるかもしれませんがI'll negotiate
the price. は「値段の交渉をしてみます」という意味なので、こ
れでは「上司のことを交渉してみます」という意味に。

I'll negotiate with my boss.（上司と交渉します）ならまだ通じるでしょうが、negotiateは「交渉」。自分がどうしても上司を説得しなければならない場合には使えるでしょう。

とにかく通じる！

I'll consult my manager.
マネジャーに相談してみます。

consultを使えば「相談する」という意味がうまく通じます。またbossは「偉そう、厳しそう」という印象を与えるので、これをmanager（経営者、主任、部長など）とすると知的な感じもしてベター。ちなみに

I'll ask my manager.（マネジャーに聞いてみます）

でも意味は通じますが、これはたんに「聞いてみる」というニュアンス。たとえば、誰かにDo you want to go to the seminar?（そのセミナーに行きたい？）と聞かれた場合などはこれでOK。けれど、仕事上の少し難しい問題などの場合に使うと、自分では何も考えず、とにかく一から十まですべて上司に頼っているような軽すぎる印象を与えます。

◎ パーフェクト

I'll talk it over with my people.
社の者に相談してみます。

talk...overは「論じる、説く」という意味。全体に知的な印象です。これなら自分にも決断する権利があるように聞こえます。my peopleは「会社の人」という意味ですが、もちろんそこに「上司」も含みます。

（自分なりに考えてみたくて）
少しお時間をいただけますか?

△ Please give me time.

 **I need time to think.**

◎ Let me sleep on it.

解説

△ 通じるけれど

Please give me time. どうか時間をください。

意味は通じます。ただし、たとえばこちらが忙しくバタバタしている状況で言うと「邪魔しないで」というニュアンスに受け取られる可能性があるので注意。time を some time にして

Please give me <u>some time</u>.

とし、困った顔でplease を強調して言うと「ちょっとほっといてくれる?時間が欲しいんだ」というニュアンスに。

some time を使う場合、

Could I have <u>some time</u>? と言えばうまく通じます。

とにかく通じる!

I need time to think.
考える時間が欲しいのですが。

そっけなく言ってしまうと「あまり乗り気ではないのですが、とにかく時間をください」「考える時間がないと決められない」というニュアンスに受け取られることもありますが、真剣な顔で言えば大丈夫。また、こう言った後に、

I'll give you an answer in an hour.

（1時間後にお返事を差し上げます）

I'll talk to you again tomorrow.

（明日もう一度話しましょう）

のような言葉を付け加えると、こちらが真剣に考える、という気持ちが伝わります。また、同じneedを使った表現でも、

I need to think it over.（よく考える必要があります）

とすると、こちらの気持ちがかなり通じる表現になります。

think overは「よく考える」という意味。これでかなり前向きな姿勢を示せます。また

I need time to think it through.

とすると「とことん考える必要があります」と、さらにこちらの高い熱意が伝わります。

think it throughは「最初から最後までくまなく考える」というようなニュアンス。

◎ パーフェクト

Let me sleep on it.　じっくり考えさせていただけますか?

sleep onはもともと「…を一晩じっくり考える」という意味のイディオムですが、「少しお時間をいただけますか?」と言いたいときにうってつけのフレーズ。また、I need to... よりもLet me... のほうが前向きな感じを出すことができます。

そこをなんとかお願いできませんか？

△ Come on, please.

 If you could ...

◎ We really need you to do this for us.

◎ Could you make an exception just this time?

解説

▭ 通じるけれど

Come on, please.　頼むよ、お願いだよ。

　仲のいい同僚に頼む場合にはなんとか使えます。子どもが親に「おねが～い！」と言っているような感じに聞こえることがあるので、上司やお客様に対しては適切とはいえません。

とにかく通じる！

If you could ...　そこをなんとか…

If you could do it, that would be great.

(それをやっていただけると、本当に助かるのですが)

の省略形ですが十分通じるでしょう。こんな感じで使います。

A:　We really need a 10 percent discount.

94

（どうしても10%値引いてもらう必要があるのです）

B: Well, that might be difficult.

（まあ、それは難しいでしょうね）

A: If you could ...（そこをなんとか…）

B: All right. I'll see what I can do.

（わかりました。やれるだけのことはやってみましょう）

◎ ほぼ パーフェクト

We really need you to do this for us.
どうしてもやってもらう必要があるのですが。

「これができないと、これ以上の進展が難しい」というニュアンスで大人同士のビジネスライクな言い方。基本形は

I need you to ...（私はあなたに…をやってほしい）

です。needはwantに比べて冷静な言い方なのでビジネス向き。また主語をWeにすることで「私ども」というニュアンスを出せます。reallyを入れることで切実な気持ちを表し、最後にfor usで締めることで「私どものためと思ってどうか」となるのです。

◎ パーフェクト

Could you make an exception just this time?
今回だけはなんとか例外にできませんか？

自分が下の立場の場合に、ちょっと甘えた感じで相手にプレッシャーをかけられるフレーズです。make an exceptionは「例外とする」という意味のイディオム。just this timeは「今回だけは」という意味。いずれも他の状況でも使えるフレーズです。

いつになったらできますか？

When do you think it would be possible to finish?
いつ終えられると思いますか？

When would it be possible to finish?

でもいいのですが、これではちょっとストレートすぎます。

ここに do you think を挿入することで、「あなたのお考えでは」という言い方にできます。挿入する位置が When のすぐ後という点に注意しましょう。

When do you think you'll be able to finish?
あなたはいつ終えられそうですか？

「相手が主体となってやっている仕事だ」というニュアンスを出したいなら、前出のフレーズ it would be possible to の部分を you'll be able to に換えるとよいでしょう。

By when do you think we can finish?
私たちはいつまでに終えられると思われますか？

ちょっとカジュアルな言い方。

まず By when という言い方で「いつまで」という意味が伝わることを覚えましょう。また we can finish とすることで、相手の責任ではなく「私たちの仕事は」というニュアンスを出せます。

以上のようなフレーズを状況に応じてうまく使い分けましょう。

それは難しいかもしれない。

That might be difficult. それは難しいかもしれない。

直訳ですが、これで十分通じます。

I'm afraid that might be difficult.
残念ながら、それは難しいかもしれません。

「残念ですが」というニュアンスを入れたいときはこれ。

I'm sorry, but that's too difficult.
すみません、でもそれは難しすぎます。

「難しいので、できません」と断りたいときはこれ。

I wish I could ... できればやりたいのです…。
I wish I could, but ... できればやりたいのですが…。

これはどちらも仮定法を使った表現で、**I wish I could, but I can't.**（やれるといいのですが、無理なのです）という意味。言葉尻をにごして遠慮した気持ちを出したフレーズです。何かに誘われたときの断り文句としても使えます。

A: We're going to go skiing next week. Why don't you join us?（来週みんなでスキーに行くつもりだけど。君もどう？）

B: <u>I wish I could ...</u>（行けるといいのですが…）

A: You're always working. Take a break.
（いつも仕事ばかりしてるじゃないか。休みもとらなきゃ）

B: I really can't next week.（来週はどうしてもだめなんです）

今回のことは白紙に戻しましょう。

× This time let's bring back white paper.

× Start from the beginning.

とにかく通じる! ▶ Let's start over.

◎ Let's start over from scratch.

解説

× ムリ

This time let's bring back white paper.
今回、白い紙を戻しましょう。

ビジネスの場の慣用句で、英語でも日本語でも同じ言い方をするものがあります。たとえば、

This company is in the black. (この会社は黒字だ)

That company is in the red. (あの会社は赤字だ)

など。けれど「白紙に戻す」の場合は、直訳ではまったく通じません。ちなみに white paper は「白書」(政府発行の公式報告書)という意味もありますが、アメリカではあまり使われません。ヨーロッパ諸国などでは「白書」という意味で使われることもあります。

×誤解のもと

Start from the beginning. 一から始めましょう。

このフレーズは「一からやる」という意味ですが「何か悪いことや失敗などがあったので、白紙に戻そう」というニュアンスは伝わりません。たんに「一から始めましょう」と言いたいときはこれでOK。ただし、ぶっきらぼうに言うと「最初からやれ」という命令に聞こえるので注意。ちなみに、

Start from the top. という表現でも同じ意味を表します。

とにかく通じる！

Let's start over. もう一度やり直そう。

start overは「やり直す」という意味。この表現では「もう一度やり直さなきゃ」という感じの表現になります。カジュアルな表現ですが、商談相手にも使えます。

Let's start again.
でもOK。ちなみに
We're going to have to start ALL over.
のようにallを入れ、それを強調して発音すると「また全部やり直しだ、やれやれまったく」というグチになるので注意。

◎パーフェクト

Let's start over from scratch.
ゼロからやり直しましょう。

start from scratchは「ゼロから始める」です。由来としては、scratch（引っかくこと）が「地面を引っかいて線を引いたスタートライン」であることから、また「引っかいてすべてをか

き消す」ことから、あるいは「ボクシングで、地面を引っかいて2本線を引き、そこから両者が戦いを始めた」ことから、など諸説あります。

また、**start over**だけで「やり直す」という意味になるので、**start over from scratch**にすると「最初からやり直そう」という意味がさらにうまく通じます。また、

Let's start with a clean slate.

（今回の件は、白紙に戻しましょう）

もおすすめの表現。slate は「粘板岩」のことですが、昔、黒板やノートがなかった頃は、この板を石筆で物を書きとめるために使っていました。そして clean slate というと「何も書いていない板」→「何のくもりもない履歴」あるいは「白紙の状態」という意味のイディオムになるのです。そして start with a clean slate で、まさに「今回の件は白紙に戻して、一からやり直す」という意味になります。

| コラム 「何もなかったことにしよう」はどう表す？

「白紙に戻す」は「何もなかったことにしよう」という意味でも使いますが、その場合、英語ではこんなふうに言えばOK。

Let's drop the whole matter.（すべての問題を中止しよう）

これは決まり文句的に使われるフレーズ。ほかに

Let's forget the whole thing.（すべてのことを忘れよう）

というフレーズもあります。こちらは若干イライラ感を表します。「もう全部なしということにしよう」という感じで、相手の言うことややることにちょっと腹が立ったような場合に使います。

お手洗いを貸していただけますか?

✕ Can I use a toilet?

△ Can I borrow the bathroom?

とにかく通じる! Can I use the restroom?

◎ Mind if I use the restroom?

解説

✕ 誤解のもと

Can I use a toilet? 私、うまくトイレを使えるかな?

状況によっては意味は通じるでしょうが、誤解を生じる可能性が。というのも、

Can your baby use a toilet? は

「おたくのお子さん、もうトイレ使えるの?」

という意味になるからです。

aをtheに換えて、

Can I use the toilet?

と言うと、誤解を避けられるでしょう。これなら「トイレを使っていい?」というカジュアルな質問として使えます。

とはいえ、toiletは、アメリカ人にとっては「便器そのもの」を指す言葉(ただし、イギリス人の場合は「トイレ」という意味)。そ

のためアメリカ人にとっては「便器を使っていい？」という感
じに聞こえてしまいます。

△ 通じるけれど

Can I borrow the bathroom?
公衆トイレ、借りてもいい？

トイレの場合、borrow（借りる）でも間違いではありません
が、どちらかというと use のほうが一般的。

ここでの問題は bathroom です。bathroom は、人の家のト
イレ、あるいはレストランなどのトイレという意味で使われま
す。ですから、人の家では the を your に換えて、

Can I borrow your bathroom?

と言えば OK。ただし、レストランでお店の人に対して、

Can I borrow the bathroom?

とはあまり言いません。この場合は

Where's the bathroom?（トイレはどこですか？）

が一般的。

とにかく通じる！

Can I use the restroom?
お手洗い、借りてもいい？

ちょっとカジュアルな表現ですが、これならまったく問題あ
りません。

the restroom は「手洗い」「化粧室」の意味で、オフィスを含
め、さまざまな公共施設（レストランや図書館など）で使えま
す。

ちなみに、トイレが複数あると考えられる少し大きなオフィ

スビルやレストラン、図書館などで「お手洗いはどこですか？」
と尋ねるときは、

Where is the restroom? と単数形にするのではなく

Where are the restrooms? のように複数形にします。

◎ パーフェクト

Mind if I use the restroom?
化粧室、お借りしてもいいですか？

Mind if I ...? は Do you mind if I ...? を省略した表現です
が、Do you mind if I ...? は本気で重大なことの許可を依頼す
る場合に使うスマートな表現。たとえば、

Do you mind if I cancel this contract?
（この契約、キャンセルしてもいいでしょうか？）

Do you mind if I send this notice?
（この通達を送ってもいいでしょうか？）

という状況で使います。

一方、Mind if I ...? のほうは、堅苦しくないこと、簡単なこと
に使います。たとえば、

Mind if I close the window?（窓を閉めてもいいですか？）

Mind if I take this call? ＊

（この電話、私が出てもいいですか？）

といった使い方です。

＊「電話に出る」は take a call あるいは answer the phone
と言いますが、このフレーズの場合は take this call を使うのが
自然でしょう。

お返事をお待ちしております。

× I expect your answer.

× I'm waiting for your answer.

とにかく
通じる！ ▶ I'll be waiting for your answer.

◎ I'm looking forward to hearing from you.

解説

× 誤解を招く

I expect your answer. 　返事をしなさい、ね。

じつは、I expect you ... あるいはI expect your ... という言い方は、かなり強い命令に聞こえます。

I expect your answer by Friday. は「金曜日までに返事をしなさい」という感じ。お客様や目上の人には使えません。

× 誤解を招く

I'm waiting for your answer.
返事、待ってるんだけど。

I'm waiting という現在進行形は、質問をしてからしばらく返事がない場合に使う表現。「返事を待っている」「返事が欲しい」「早く返事して」という感じです。

とにかく通じる！

I'll be waiting for your answer.

お返事をお待ちしています。

　現在進行形を I'll be waiting という未来進行形にすると、こちらの気持ちがうまく通じます。直訳すると「お待ちしていることにしますね」という感じですが、英語でも同様にソフトなニュアンスが加わるのです。さらに、I'll be waiting には「未来のある時点」という意味があり、「答える用意ができたらその時は待っています、その時でいいですよ」、つまり at your convenience（あなたの都合のよいときに）という含みがあるため、とてもいい印象を与えるフレーズになるのです。

　A:　What day next week is best for you?

（来週は、何曜日がご都合よろしいですか？）

　B:　I'm not sure. I'll have to check my calendar. ＊

（ちょっと今わかりません。スケジュール表で確認してみます）

　A:　Okay, I'll be waiting for your answer.

（わかりました。お返事をお待ちしています）

　＊ calendar には「スケジュール表」という意味もあります。

◎ パーフェクト

I'm looking forward to hearing from you.

お返事、楽しみにしています。

　相手からの返事が No. である可能性はもちろんあるでしょうが、I'm looking forward to hearing from you. とすると「よい返事を楽しみにお待ちしています」という意味になるので、こちらの積極的な気持ちをよりうまく伝えることができます。

経費で落ちますから。

△ I'll put this down to expenses.

△ My company will pay.

 It's on us.

解説

△ 通じるけれど

I'll put this down to expenses.
私が経費で落とします。

和英辞書で「経費で落とす」を引くと、put something down to expenses と載っています。これを使って I'll put this down to expenses. とする人もいるでしょう。これで誤解なくなんとか通じるでしょうが、ネイティブはあまり使わない表現です。

I'll put this down as an expense. のほうがベターですが、こちらもあまり使いません。

△ 通じるけれど

My company will pay. うちの会社が払います。

意味はこれで通じます。ただしちょっとドライな表現。「あ、会社が払うから」のようなニュアンスになります。もう少し婉

曲的な表現のほうがいい状況もあるでしょう。

My company will pay for it.

とすると丁寧な言い方になるぶん、若干ソフトになります。

同じ My company を主語にした表現でも、

My company will pick up the tab.

（うちの会社が会計を持ちますから）

ならかなりよい表現になります。ここでの tab は「勘定」、pick up the tab は「勘定を払う」という意味。さらに、

My company will take care of it.

（うちの会社が引き受けますから）

なら「払う」という言葉を使わない婉曲な表現になるので、よりソフトで相手に気を使わせない表現になります。

とにかく通じてパーフェクト！

It's on us.　こちらにお任せください。

「経費で落ちますから」と言いたいとき、ネイティブがよく使うのは、

It's on the company.

というフレーズ。この It は「会計」のことで「会計はうちの会社の経費から落ちます」と言いたいときにピッタリの表現。

そして、これをさらにシンプルにしたフレーズが、

It's on us.

この us は「弊社」という意味。the company「わが社」が、と言うより「私どもが」と言うほうが感じとしてもいいうえ、シンプルなので簡単に覚えられるでしょう。

Let me get this.（ここは私に払わせて）
カジュアルなフレーズ。ここでのget は「買う」の意。

I would be honored if you'd let us pay.
（どうかお支払いはこちらにお任せください）
honor は「栄誉を与える」という意味で、受け身にして
would ...if ... という仮定法にした I would be honored if ... は
「…させていただけると、とても嬉しいのですが」という意味に。
とても丁寧なフレーズで、取引先の相手などに使うのに最適。

I wouldn't think of having you pay.
（ここはぜひ私に任せてください）
丁寧なフレーズ。謙遜した感じが出ます。wouldn't think of
〜ing は、仮定法で「〜するなんて、思いもよらない」「思うこと
などとてもできない」というニュアンスです。have you pay の
have は「（人：ここではyou）に…させる」という意味。直訳する
と「あなたに払っていただくなんて、考えも及びません」とい
うことになります。

Your money isn't any good here.
（ここは支払っていただくわけにはいきません）
これも丁寧なフレーズ。直訳すると「あなたのお金は、ここ
ではよくありません」となりますが、「ここで払っていただくわ
けにはいきません」という相手を気遣うフレーズになります。

では、そろそろ（帰りますね）。

× It's time now.

× It's about time.

とにかく通じる! Well, I'm going to go now.

とにかく通じる! Okay, well ...

◎ Well, I'd better be going.

解説

× ムリ

It's time now.　　今だよ。

「時間ですよ」「今だよ」という感じのフレーズで「そろそろ帰る」というニュアンスがないのでTime for what?（何の時間？）と返されるでしょう。

× 誤解のもと

It's about time.　　そろそろ時間です。

「何かを始める」ときによく使うフレーズです。状況によってはちょっと冷たい感じに聞こえる場合も。たとえば何かをやらなければならない人がなかなか始めない、あるいは来るはずの

人が来ないときに皮肉っぽく言うと「そろそろのはずなんだけどねぇ。遅いなぁ。わかってんのかなぁ」という感じに。

It's about time. I've been waiting for two hours.

（遅いなぁ。2時間も待ってるんだけど）

という感じ。ただし後にto ... を続けるフレーズにすれば「そろそろ…の時間です」という意味として誤解なく伝わります。

It's about time to go.（そろそろ行かなきゃ）

とにかく通じる！

Well, I'm going to go now.
さて、そろそろ帰りますね。

I'm going to go now. だけでも意味は通じますが、突然、何の前置きもなくこう言い放つと、ぶっきらぼうな感じになり、相手は「何か悪いことしたかな？」と心配するかも。

こんなときに役立つのが**Well, ...** というひとこと。これをつけ、Well, I'm going to go now. とするだけで「さて、そろそろ帰りますね」というニュアンスに。

A: It's getting kind of late.（かなり遅い時間になってきましたね）

B: Yeah, we have a meeting at 8:30 tomorrow morning.（ええ、明日は朝8時半にミーティングがありますね）

A: Well, I'm going to go now.（じゃあそろそろ帰りますね）

B: Okay, see you tomorrow.（はい、では明日）

ちなみに**I'll go now.**（そろそろ帰る）でも通じますが、このフレーズは「今、その場で決めた」という感じ。こう言われた相手は「何か悪いこと言ったかな？」と心配する可能性が。

Okay, well ...　　じゃあ、そろそろ。

少しカジュアルな場なら、Okay, well ... と言いながら椅子から立ち上がれば、それだけで「そろそろ」というニュアンスは伝わるでしょう。こんな感じです。

A:　That was delicious. (おいしかったですね)

B:　I know. I can't eat another bite.

(ほんと、もうひと口も入りません)

A:　Okay, well ... (じゃあ、そろそろ)

B:　Yeah, it's getting late. Thanks for your time today.

(ええ、もう遅くなってきましたし。今日はお時間をいただいてどうもありがとうございました)

◎ パーフェクト

Well, I'd better be going.
さてと、そろそろ行かなくては。

このWellは「では」「さてと」といったニュアンスで「そろそろ」の含みが伝わります。had betterは「…したくないけど、仕方がない」という意味なので、「行かなくては、帰らなければ」というニュアンスがうまく伝わります。職場でももちろん使えますが、飲み会などでもこんな感じで使えます。

A:　Why don't you have another drink? (もう一杯どう？)

B:　Well, I'd better be going. (いえ、そろそろ帰らなくては)

A:　What? You just got here. (なんだい？今来たばかりじゃないか)

B:　I know, but I have to get up early tomorrow.

(そうなんですが、明日の朝、早いもので)

✕　All right.

とにかく
通じる！　Bye now.

◎　Have a nice day.

解説

✕ムリ

All right.　わかった、もう帰っていいから。

　相手のあいさつに対して All right. と返すと、「はいはい、わかった、わかった」のようなニュアンスになってしまうので要注意。

Okay. も同じようなニュアンスになるので注意。

ちなみに、

Goodbye.

は、次に会うのがいつなのかわからない相手などに、かしこまって「では、お元気で」と言う場合に使うことが多いので、明日また会う相手の場合はちょっと不自然。

とにかく通じる！

Bye now.　では！

112

フレンドリーな言い方。

Bye <u>for</u> now.（今のところはお別れですね）

を略したもので、「またすぐ会いましょう」というニュアンスが含まれています。

同様に、

See you. でも OK。

See you later.（またね）もよく使います。また、

See you tomorrow.（また明日）

See you next week.（また来週）

などのように「いつ」ということを具体的に言及しても OK。

◎ パーフェクト

Have a nice day. よい一日を。

気持ちのいい別れ際のあいさつ。

来週にまた会う予定がある場合は

Have a good week.（よい一週間を）

とも言うことができます。

午後の場合、

Have a good evening.（よい夕べを）

金曜日の場合は

Have a good weekend.（よい週末を）

などのように言います。

ちなみに

Have a good life.（よい人生を）

は、もう永遠に会えないような相手や、縁を切ろうとしている相手などに使います。

（打ち合わせが終わって）
それでは失礼します。

× Pardon me.

△ Okay, goodbye.

 Well, see you again.

◎ We'll talk to you later.

解説

× 誤解のもと

Pardon me. オナラしてごめん。

「失礼」というとPardon me.というフレーズを思いつく人もいるかもしれません。この表現にはいろいろな意味があります。

相手の言葉が聞き取れなかったときに聞き返して「すみませんが、もう一度お願いします」と言うときや、

何かへんなことを言う相手に「もしもし、あなた、何言ってるの」と言うときにも使います。

通路を「通してください」と言うときや、

自分がちょっとした失礼（ゲップやオナラなど）をしでかしたときに「失礼しました」と言うときにも使います。

別れ際のあいさつとしては、あまり使いません。

またやはり「失礼」というと思い浮かぶのが、

Excuse me.

でしょう。けれどこれも誤解を招く可能性があるので注意。
これでは

「ちょっとトイレに」

という意味に受け取られることがあるからです。レストラン
などで「ちょっとトイレ」とストレートに言うのをはばかられ
るような状況ではよく、たんに Excuse me. と言ってトイレに
立ちます。また、

Excuse me while I make a call.

（ちょっと失礼してお電話を）

のように、後に具体的な事柄を加える場合もあります。

とはいえ、トイレの場合、

Excuse me while I go to the bathroom.

（ちょっと失礼してトイレに）

とは言わず、たんに

Excuse me.

あるいは

Excuse me for just a moment.（ちょっと失礼）

のように言います。ですからこう言うと「トイレかな？」と
思われることがあるでしょう。

△ 通じるけれど

Okay, goodbye.　　それでは、さようなら。またいつか。

Okay, goodbye. は日本人にとって大げさと思えるくらいフ
レンドリーなイントネーションで言えば大丈夫ですが、ちょっ

と真面目な感じで言うと怒っているように聞こえるかもしれません。

というのも、112ページで述べたように、goodbyeはしばらく会えない場合によく使う別れ際のあいさつで、状況によっては捨てゼリフ的な使い方をすることもあるからです。

たとえば「もう二度と会わない」という意味で男女が別れる場合にはGoodBYE.とbyeを強調して言います。「これであなたとは最後だ」というニュアンスです。ちなみに**Goodbye for good.**は「もう会うつもりはない」という意味。

とにかく通じる！

Well, see you again.
また会いましょう。

別れの際の定番フレーズですが「それでは失礼します」という場合にも使えます。少し丁寧に言いたいなら、

We'll see you again soon.

（また近いうちにお会いしましょう）

とすればベター。「またおうかがいします」「また打ち合わせしましょう」「またご連絡します」というようなニュアンスになります。

「see＋人」は「人と打ち合わせをする」という意味でも使います。

「今日は２社のクライアントと打ち合わせがあった」は

I saw two clients today.

でOK。また、「弁護士と相談しなければ」も

I need to see my lawyer.

でOKです。

Well, see you again. はこんな感じで使います。

A: Well, see you again. (では、そろそろ失礼します)

B: What? You're going? (え？　もう行かれるのですか？)

A: Yeah, I have to get home by 10:00.

(はい、10時までに家に帰らなければならないので)

B: Would you like me to call you a taxi?

(タクシーをお呼びしましょうか？)

◎ パーフェクト

We'll talk to you later. 　またお会いしましょう。

直訳すると「私たちはまた後ほどお話しします」となりますが、これは決まり文句的なフレーズで、たとえばこちらの担当者が単独で話している場合でも、主語はWeのままで使えます。

日本語の「失礼します」に近いフレーズで「後ほど」という言い方になっていますが、もちろんその日中ではなく、たとえば1ヶ月後でもこの表現でOK。ビジネスシーンでもフレンドリーな場でも使えるひとことです。

こんな感じで使います。

A: We'll talk to you later. (では、またお会いしましょう)

B: Oh, okay. Thanks for coming today.

(ええ、そうしましょう。今日はおいでくださってありがとう)

A: I'll call you tomorrow. (明日お電話します)

B: Okay, thanks. (わかりました。どうもありがとう)

（新しい顧客に対して）
今後ともどうぞよろしくお願いします。

× From now on, please be a good client.

 I'm looking forward to working with you.

◎ Thanks for this opportunity to work with you.

解説

× ムリ

From now on, please be a good client.
これからは迷惑をかけないクライアントになってくださいよ。

英語には「よろしくお願いします」という表現がないので、直訳するのは難しいのですが、「私たちのよいクライアントになってくださいね」と伝えようとして、こう言ってしまう人もいるかもしれません。けれど、これでは「これまではいいクライアントじゃなかったけど、これからはもっとましなクライアントになってくださいよ」というふうに聞こえるかも。

From now on, ... は「これからは」という意味ですが、「これまでは違ったけど」という意味を含むことが多いからです。たとえば、

From now on, don't lie to me ever again. は
「これからは、絶対私にうそをつかないで」という意味。

また、Please be a good ... は、悪いことをした子どもによく
使うフレーズ。こんな感じで使います。

Please be a good boy. (いい男の子になりなさい)

とにかく通じる！

I'm looking forward to working with you.

あなたとお仕事させていただくのを、楽しみにしております。

I look forward to ～ing はいろいろな状況で「待ち遠しい、
楽しみにしています」というときに使える便利なフレーズ。た
だ、この表現は直接的な感じでカジュアルな会話向け。

現在進行形 **I'm looking forward to ～ing** にすると、
ちょっとソフトな表現になり、手紙やフォーマルな会話などで
よく使われます。「あなたとお仕事させていただくのを、楽しみ
にしております」という感じのちょっとフォーマルな響きに。

work with you は「一緒にお仕事できて」ということで、「肩
を並べて働く」という気持ちを表します。これを **work for
you** にすると「あなたの下で」となり、雇われた会社に対する
言葉として使えます。

A: Hi. I'm Cathy. I just started today.

(こんにちは。キャシーです。今日が仕事初日なんです)

B: I'm Hiroshi, Hiroshi Sato. (ぼくはヒロシ、ヒロシ・サトウです)

A: Nice to meet you. (よろしくお願いします)

B: I'm looking forward to working with you.

（一緒にお仕事できるの、楽しみにしています）

A: Me too!（こちらこそ！）

◎ パーフェクト

Thanks for this opportunity to work with you.
ご一緒に仕事ができるこの機会をくださり、感謝しています。

英語としては少し硬い言い方ですが、こちらの気持ちがよく伝わります。「お仕事をくださってありがとう」というニュアンス。こう言うと、相手は

No, it's our pleasure.（いえ、こちらこそありがとう）

We're also really excited to be working with you.

（こちらもあなたと一緒に仕事ができることを、本当に楽しみにしています）

We know you'll do a good job.

（よいお仕事をしてくださると確信しています）

といった言葉を返してくるでしょう。

| コラム　仕事が完成した際のひとこと

It was a pleasure doing business with you.
（一緒にお仕事できて、とても光栄です）

これは仕事が完成した際によく使うフレーズです。「今後ともどうぞよろしくお願いします」とはニュアンス的に異なりますので、仕事が決まった段階で、まだ実際に仕事に着手していない相手に言うと、相手は

We haven't done anything yet.（まだ何もやってませんけど）

と返してくるかも。

とにかく通じる！
「上司」への
ひと言

すみません、質問いいですか？

× I question you.

とにかく通じる！ Sorry, but I have a question.

◎ Excuse me, let me ask you a question.

◎ Excuse me, I'd just like to ask about one thing.

解説

× ムリ

I question you. 　　私はあなたを疑います。

questionは「質問する」という意味のほかに「疑う」という意味もあります。そしてI question you.のようにyouを目的語にすると「あなたを疑う」という意味に。「あなたに質問します」という意味にはなりません。

I question that.（それはどうかな）

I question what you said.（あなたの言ったことは疑わしい）

などならまだしも、

I question you.では「あなたという人を疑う」「あなたは詐欺師でしょう」というニュアンスに。またquestionには「容疑者を尋問する」という意味もあります。

The police questioned the suspect.

（その警官は容疑者を尋問した）

のように使われます。

ですから

Excuse me, may I question you?

とすると「すみません、あなたを尋問してもいいですか？」
という意味に受け取られる可能性も。

とにかく通じる！

Sorry, but I have a question.
すみません、質問があるのですが。

Sorry, I have a question.

とすると少しぶっきらぼうになりますが、ここにbutを入れ、

Sorry, but I have a question.

とすると、ソフトになります。

Excuse me, but I have a question. でも OK。

質問がいくつかある場合は、Sorry, but ...の後を次のように
アレンジしましょう。

I have three questions.（3つの質問があります）

I have some questions.（いくつかの質問があります）

注意が必要なのは

I have questions.

という言い方。これでは「懸案事項があるのですが」という
意味に受け取られることがあります。questionに、aやsomeな
ど数を表す言葉をつけないと「懸案事項」という意味に受け取
られることが多いのです。

Excuse me, let me ask you a question.
すみません、質問させてください。

　会話でよく使われるフレーズです。大きなプレゼンテーションなどでは、Excuse me, I'd like to ask a question. のような、ちょっとかしこまったフレーズを使うことが多いのですが、Excuse me, let me ask you a question. でも問題ありません。

　こう言われたら、一般的にはこんなふうに返します。

　Sure, go ahead.（もちろん、どうぞ）

　Yes, what is it?（はい、何ですか？）

　ちなみに、部下が上司に対して、というような1対1の状況でもこのフレーズでOKですが、すでにいろいろ話し合っている状況でわざわざ Excuse me, をつけるのはちょっと不自然なので、そうした状況では前置きはいりません。

Excuse me, I'd just like to ask about one thing.
すみません、ちょっとひとつお尋ねしたいのですが。

　たんに ask about one thing（ひとつ尋ねたい）と言われると、ちょっと重大なことのような雰囲気になるため、相手は「何だろう」といぶかしがる可能性があります。

　それを避けるためには just をつければOK。この just は「ちょっと」のようなニュアンス。これで全体の雰囲気がやわらぎます。もちろん、

　ask about three things（3つ尋ねたいことがある）

のように、具体的な数を言うこともできます。

（話をしたくて）
ちょっといいですか？

× Could I talk to you about something?

とにかく
通じる！ **Have a minute?**

◎ Could I borrow your ear for a moment?

解説

×誤解のもと

Could I talk to you about something?
あなたにちょっとお話があるのですが、よろしいですか？

これでは相手に深刻な印象を与えてしまいます。something
で終えていますが、じつはこの後に serious をつけた、

Could I talk to you about something serious?
（ちょっと深刻な話をしてもいいでしょうか？）

という表現を、ちょっとぼかすために serious を省いた形で
使うことがあるからです。ノンネイティブにはわかりづらいと
ころですが、ネイティブはちょっと構えてしまうでしょう。

とにかく通じる！

Have a minute?　　ちょっと、いい？

かなりカジュアルな言い方ですが、これで大丈夫。こんなふ

うに使います。

A: Have a minute?（ちょっといいですか？）

B: Sure, what is it?（うん、何？）

A: I want to know today's schedule.

（今日のスケジュールを知りたいのですが）

少し丁寧にしたいなら、

Do you have just a minute?

というふうにすればOK。カジュアルで軽い感じなので、相手にヘンなプレッシャーを与えません。

　ちなみに、相手の注意を引くもっともカジュアルでシンプルなものは

Um ...（発音は［アム］）

「えーっと」という感じで、これでたいていの場合、相手の注意を引くことができるので、相手は

What?（何ですか？）とか、

Ah-uh?（ん？　何？）（発音は［アーハ］語尾を上げる）

のように返してくるでしょう。ほかにも

Um ... I know you're busy, but ...

（えーっと、お忙しいとは思いますが…）

もカジュアルで軽い感じで相手の気を引くフレーズ。

Just one thing ...（ちょっとひとつだけ…）

もカジュアルで軽く、目上の人にも目下の人にも使えます。

◎ パーフェクト

Could I borrow your ear for a moment?
ちょっとだけ、お耳を拝借できますか？

126

borrow your ear というちょっとユーモアを込めたフレーズなら、軽い感じになります。これを Could I ...? という丁寧な表現で使えば、軽いけれど丁寧な表現となるため、相手が誰でもOK。また、相手に「ちょっとアドバイスください」というニュアンスを出したいときにも使えます。

コラム　I have to talk to you. と Let's talk. の意味

「話をしなければならない」と言いたくて、

I have to talk to you.

と言う人もいるかもしれません。けれどこれでは「あなたに悪い話がある」という意味に！

have to は「…しなければならない」という意味ですが、「自分としては言いたくないんだけど」という含みを込めることもできるので、何か悪いことを話す場合に使うことが多いのです。言われた相手はビクッとするかも。

また、「ちょっと話そうよ」と軽く言いたくて、

Let's talk.

と言うこともあるかもしれません。この言い方はもちろんカジュアルですが、じつは「ちょっと君に言わなければいけないことがあるんだ」という深刻なニュアンスを含んだ言い方に聞こえることも。というのは、

Let's talk about something serious.

（ちょっと深刻な話をしようか）

を省略した婉曲表現として使うことがあるからです。

また、上から目線な言い方なので、上司に言われると、「何ごとかな？」と部下は構えてしまうでしょう。

ご意見を教えてください。

× Teach me your opinion.

△ Tell me your opinion.

とにかく通じる! What's your opinion on this?

◎ What would you do?

解説

× ムリ

Teach me your opinion. ご意見をご教示ください。

なんとか通じますが、かなり不自然。teach は学問や専門的な知識、技術などを教えるときに使います。

次の例文のような感じ。

Teach me how to use this computer.

(このコンピューターの使い方を教えてください)

Teach me how to make a blog.

(ブログの作り方を教えてください)

△ 通じるけれど

Tell me your opinion. あなたの意見を言ってみて。

意味は通じますが、ちょっと命令っぽい言い方。please をつ

けて Tell me your opinion, please. としても、丁寧にはなりません。「意見を言って、お願い」という感じになるのです。

　同じ please でも使い方によってニュアンスが違ってきます。状況にもよりますが、基本的に命令形で使う場合、たとえば、目下の人に対して、Copy these reports, please.（このレポート、コピーしてください）と言う場合は、丁寧な依頼になりますが、特に目上の人に対して、Tell me your opinion, please. とすると、「お願いですから」という必死な感じに受け取られる場合が多いのです。

とにかく通じる！

What's your opinion on this?
あなたはこれに関してどう思いますか？

　opinion を使ったフレーズとしてはこれが一番。opinion は確たる意見というより思いつき的なイメージのある言葉。なので相手に確信を求めるような場合でなければ opinion で大丈夫。

◎ パーフェクト

What would you do?　　あなたなら、どうなさいますか？

　「困っているので知恵を貸してください」という感じで相手を立てながら意見を求めている感じに。

　この would は仮定法で、意味としては

What would you do if you were me?

　のようなもの。「助けてください」というニュアンスが含まれるので、相手も助けてあげたくなるでしょう。

△　I'll see.

とにかく通じる！ ▶ I'll check right away.

◎　I'll look into it right away.

解説

△ 通じるけれど

I'll see.　見に行きましょう。

I'll see. は「（実際に）見に行きます」という意味。たとえば、次のように使います。

A:　Who's knocking at the door?

（ドアをノックしてるのは誰かな？）

B:　I'll see. ... It's a salesman.

（見てくる。…セールスマンだ）

また、**I'll see about it.** なら「やってみる」という意味ですが「あまり乗り気ではないけど、やってみるよ」「あまり期待しないで」というときに使うこともあるフレーズです。

A:　Can we change the agenda?

（議事日程を変更できるかな？）

B:　I'll see about it. （一応、やってみます）

とにかく通じる！

I'll check right away. すぐにチェックします。

問題なく通じます。right awayには「すぐ！」というニュアンスがあり、こちらのやる気が伝わります。ただし「すぐに」という意味で

I'll check <u>soon</u>.

としてはいけません。soonには「急いで」というニュアンスがあまりなく「そのうち」に近い感じなので、上司はイライラするかも。

◎ パーフェクト

I'll <u>look into</u> it right away. すぐに確認します。

checkは簡単なことに使う場合が多いので、状況によってはそぐわないことがあります。たとえば、

Why was Bob late for the meeting?（なぜボブはミーティングに遅れたんだ？）のような質問に対してI'll check.（チェックしてみます）と答えるのはOKですが、より複雑な状況にはちょっと合わない場合も。たとえば、

Why did our sales drop last month?

（なぜ先月の売り上げは落ちたのか？）

のように「なぜ…のような問題が起こったのか？」というような質問に対し、I'll check.ではちょっと軽すぎる感じがします。

そんなときに使えるのが、look into。これなら「ちゃんと確認します」「ちゃんと調べます」というニュアンスが出せるので、より複雑な状況に適しています。

いつまでにやればいいですか?

× When?

× When do I have to do it?

とにかく通じる! ▶ **By when?**

◎ By when does it need to be done?

解説

×誤解を招く

When?　　いつ?

「いつやればいいの?」という意味にはなりますが、言い方によっては、不満をぶつける意味に。

「いつ?　そんなことをする時間は一体、いつあるっていうの?」と今でも仕事でアップアップの状況なのに、さらに仕事を頼まれたときに使うフレーズにもなるからです。なので、怒って言うと「そんな時間、ないです」という意味に。

×誤解のもと

When do I have to do it?
それ、いつやらなきゃいけないんでしょうか?

have toは「しなければならない」という意味ですが、じつは

132

「本当はやりたくない」という含みがある点に注意。ですから言い方によっては、「やりたくないですけど、いつやればいいんでしょう？」という嫌味なニュアンスにとられる可能性も。

主語を it（頼まれた仕事）にして、

When does it have to be done?

（その仕事はいつやらなければならないのですか？）

なら嫌味はなくなります。

とにかく通じる！

By when?　　いつまで？

when の前に by をつけることで、締め切りを尋ねることができます。丁寧とはいえませんが、ビジネスライクなフレーズで、意味もうまく通じます。もともと

By when would you like me to finish it?

（いつまでに終えればいいですか？）

という丁寧なフレーズの省略なので、発音するときには、最後の部分を言い切ってしまわず、By when ...? と後に何か続ける感じで言うと、より丁寧に聞こえるでしょう。

◎ パーフェクト

By when does it need to be done?
その仕事はいつまでに終わらせる必要がありますか？

これならぶっきらぼうな感じがやわらぎます。need to はやりたい、やりたくないに関係なく、仕事の締め切りについてビジネスライクに尋ねるニュートラルな表現。

書類のチェックをお願いします。

△ Look at this file, please.

とにかく通じる! ▶ Could you look over this?

◎ Do you think you could look over this?

解説

△ 通じるけれど

Look at this file, please. このファイル、見てください。

意味としては通じます。pleaseをつけているとはいえ、命令形なので、かなりぶっきらぼうな言い方に。できるだけ丁寧な感じで、微笑しながら言えば大丈夫でしょうが、自信がない人は上司などには使わないほうがいいでしょう。

とにかく通じる!

Could you look over this?
これに目を通していただけますか？

Could you ...?は丁寧な依頼をするときによく使うフレーズ。[クジュ] という感じで発音しましょう。

「見る」というと、look at ... というフレーズをつい口にしてしまう人も多いでしょう。この場合、look at this でも一応通じ

134

るでしょうが、look atは「たんに目で見る」というニュアンス。数秒で終わるようなものによく使います。たとえば写真を見てほしいような場合にはlook at thisでOKですが、書類の場合はちょっと違和感があります。

ここで覚えてほしいのはlook overです。look overは「ざっと目を通す」という意味で、書類に使うのにピッタリのフレーズ。会話ではこんな感じで使います。

A: Are you busy now?（今、お忙しいですか？）

B: No, not really.（いや、大丈夫だよ）

A: Could you look over this?
（これに目を通していただけますか？）

B: Sure. When's the deadline?
（もちろん。いつまでにやればいい？）

◎ パーフェクト

Do you think you could look over this?
これに目を通していただくことはできますか？

Could you ...?でもOKですが、ここに謙虚さをプラスして依頼したい場合は、Do you think you could ...?という表現にすれば完璧です。

Do you think you could ...?（…できると思われますか？）

は、かなり遠慮した言い方で、相手にプレッシャーをかけない気配りのある表現です。

Do you think you could possibly ...?

ならさらに丁寧になりますが、あまりに丁寧すぎて、場合によっては逆に相手にプレッシャーになる可能性もあります。

△　Do you need help?

とにかく通じる！

Can I help you?

◎　How can I help out?

解説

△ 通じるけれど

Do you need help?　　何か手伝うことある？

意味は通じますが、あまりに直接的で相手にプレッシャーになる場合があります。カジュアルな店なら客に対して使うこともあるでしょうが、一般に上から目線な表現。先生がちょっともじもじしている生徒に「どうかしたの？　何かやってあげようか？」という感じで使うこともあります。

Do you need <u>some</u> help? あるいは **Do you need <u>any</u> help?**

のようにすると、ソフトな言い方になります。

また、文法的には平叙文ですが、**You need help?** とし、語尾を上げることで質問文として使うと、少しソフトな言い方になります。これなら「大丈夫？」に近い感じです。

ちなみに **You need help.** を語尾を上げずに、平坦に発音して平叙文にしてしまうと「お前ってどうしようもないやつだ

な」という意味に。「精神の専門家に診てもらったほうがいい」
というニュアンスで、かなり侮辱的な言い方。

とにかく通じる！

Can I help you?　何かお手伝いしましょうか？

　これでこちらの気持ちは通じます。ただし、よく使われるフ
レーズだけに、平坦に発音すると社交辞令的に聞こえることも
あるので注意。できるだけ心を込めた感じで言えばOKです。
ちなみに、店の人がお客様に対して「いらっしゃいませ」と言
うときの決まり文句もこれ。

◎ パーフェクト

How can I help out?　私は何をすればいいですか？

　自分が手伝うのを前提として「具体的に何をすればいい？」
という意味。とても前向きで「喜んで手伝うよ」というニュアン
スを出せます。help out は「一時的に手伝う、手を差し伸べ
る」という意味なので、**How can I help out?** はちょっと軽い
場面で使います。これに対し、

　How can I help? はもっと深刻な問題の場合に使われます。
たとえば、事故で人が怪我したときなどには How can I help?
が適していますが、ちょっと何かを手伝うという場合は How
can I help out? のほうが適切でしょう。また、

　Maybe I can do something. という言い方でもOK。これは
「もしかして私に何かできることがあるのでは」という感じで、
ちょっと謙遜しつつ、手伝いを申し出ているような言い方で、好
印象。「私でもできることがあるかな」というニュアンスです。

137

今のところ順調です。

× Now I'm okay.

× Satisfactory.

× No problem, as of now.

とにかく通じる! ▶ Okay, so far.

◎ So far so good.

解説

× ムリ

Now I'm okay. やっと大丈夫になりました。

　これでは「今までは大丈夫ではなく、悪い状態でしたが、やっと大丈夫になりました」という意味に。

　nowは「今は」という意味ですが、そこには「これまでは違ったけれど、今は」というニュアンスが含まれているのです。特に文頭に置くと、その意味が強調されます。たとえば

　Now you can go.

　の場合、「(今までは行くことはできなかったけれど) さあ、行っていいよ」という意味。

✕ 誤解を招く

Satisfactory. なんとか OK ってとこでしょう。

satisfactoryは「満足のいく」という意味ですが、会話でネイティブは「ぎりぎり OK ってとこ」つまり「あまりよくない」というニュアンスで使うことも多いので注意。

たとえば成績（grade）はよく、

A = excellent

B = good

C = fair

D = failed

などのように表す学校が多いのですが、satisfactoryを使う学校もあり、その場合は、「可、普通」のこと。

Excellent（優）

Satisfactory（可）

Poor（劣）

のようになります。ですから、

His performance is satisfactory. は「彼の実績は満足のいくものです」ではなく、「彼の実績はクビにならない程度です」つまり「これ以下になると危ない」という意味になるのです。

✕ 誤解を招く

No problem, <u>as of now</u>. 問題ありません、現時点では。

「この先はどうなるかは、わかりませんけれど」というニュアンスになります。as of nowは「現時点では」という意味ですが、ここには「先のことはわからないけれど」というニュアンスを含むことが多いのです。

Okay, so far.　今のところ OK です。

「今のところ」にもっとも適した表現は、so far。

Okay, so far. なら、「今のとこ、OK です」というカジュアルな表現になります。Okay は Yes などと同じ相手への返事なので、後にカンマ (,) をつけます。こんな感じで使えます。

A:　How are sales this month?

（今月の売り上げはどんな調子だね？）

B:　Okay, so far.（今のとこ、大丈夫です）

A:　Good. Keep up the good work.

（よし！　その調子でがんばれ）

「すべて」という意味を加えて順調さを強調したいなら、

Everything's okay so far.

にすれば OK。また、少し丁寧な文章にしたいなら、

Everything's going okay so far. や

Everything's going well so far.

（今のところ、すべて順調にいっています）

のように言いましょう。

So far so good.　今のところ順調だよ！

「今のところ、順調」という意味の決まり文句。前向きな感じがうまく伝わります。この表現には皮肉を込めた用法はないので、相手に誤解を与えることはありませんが、元気ににっこり笑いながら言うと、気持ちのいい返事になります。また good を強調し、親指を立て、うなずきながら言うとさらに効果的。

ちょっと困ったことがありました。

× I'm troubled.

 I have a problem.

◎ A little problem has come up.

◎ I'm afraid something has come up.

解説

× ムリ

I'm troubled. 悩まされています。

だれかに悩み相談にのってもらいたいときに、このフレーズを使うのは「あり」でしょう。たとえば

I'm troubled by the way my boss treats me.

（私に対するボスの扱い方に悩まされているんです）

のような使い方ならできますが、ビジネスでの報告としてはそぐいません。

とにかく通じる！

I have a problem. 問題を抱えています。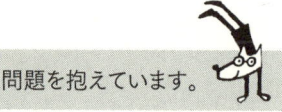

これなら「自分がちょっと問題を抱えている」「ちょっと困ったことがあるのです」という意味になります。

じつはこの文章は、文法的に厳密に言うと「前々から問題を抱えている」という意味ですが、そう受け取るネイティブはあまりいないでしょう。また、

There's a problem.

も「問題がある」の意味で通じます。

この表現は、「自分自身が困っている」場合にも、自分は直接関係ないけれど、状況的に困ったことになっているという場合にも使えます。

◎ ほぼパーフェクト

A little problem has come up.
ちょっとした問題が発生しました。

「ちょっと困ったこと」という意味ですが、これはかなり難しい問題が発生したということを裏にひそませる言い方でもあります。

つまり、最初から

A terrible problem has come up.（大変な問題が起こった）

と言うと、それだけで相手がびっくりするので、このフレーズでなんとかソフトに伝えてから、後で「実際の大変な問題の内容」を話すということもよくあるのです。

もちろん実際に「小さな問題」という意味で使うこともありますが、ネイティブは「裏の意味」を含ませた言い方をすることも多いので、ネイティブがこう言っている場合には、「大変な問題なのかも」と警戒する必要があるかもしれません。

ちなみに「問題はひとつだけなんです」と強調したい場合は、

One little problem has come up.

（ちょっとした問題がひとつだけ出てきました）

でOK。この場合、One little problem は重大な問題である場合もあるし、ちょっとした問題の場合もあります。

come up は「来る、到着する」など、いろいろな意味のあるイディオムですが、「（問題などが）生じる」という意味で使うことも多いのでぜひ覚えておきましょう。

◎ パーフェクト

I'm afraid something has come up.
困ったことに、ちょっと問題が生じまして。

まず、I'm afraid ... という言葉で始めることで、これから「困った話をしますよ」というニュアンスを出せます。

またproblem という言葉を聞くだけで「ええーっ」と思う人がいるでしょうから、この言葉をsomethingにしたこの表現なら、相手に余計なプレッシャーを与えずに「事が起こった」という事実を伝えられます。

また、このフレーズを次のように応用すれば、「自分の側」に問題が起こったので、問題の発生した場所に自分が出向かなければならない、という意味で使うこともできます。

I'm afraid something came up and ... I have to go early.

（すみません、ちょっと問題が生じまして…早退しなければならないのですが）

I'm afraid something came up and ... I can't go to the party.

（すみません、ちょっと問題が生じまして…パーティーには行けません）

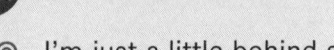

（仕事の進行が）
ちょっと遅れています。

× My work is a little slow.

とにかく通じる！ I'm off schedule.

◎ I'm just a little behind schedule.

解説

× ムリ

My work is a little slow.
商売があまりうまくいっていません。

my workという言い方によって「私の事業」というニュアンスに聞こえる可能性があります。そのため「不景気ですね」というようなニュアンスになってしまうかも。

とにかく通じる！

I'm <u>off schedule</u>.
スケジュールから遅れています。

これで「スケジュールより遅れている」という意味として伝わります。off scheduleは決まり文句的に使われるフレーズ。

I'm <u>behind schedule</u>.
もほぼ同じ意味ですが、こちらのほうが若干カジュアルな表

現といえるでしょう。

ただ、たんにこれだけを言うと「遅れているの？　大丈夫か
な…」と相手を心配させてしまうでしょう。ポジティブな態度
を見せたい場合は、後に

I need to speed up. (スピードを上げなければなりませんね)

のような前向きな発言を付け加えましょう。

ちなみに「遅れてきている」「遅れ気味になっている」を現在
進行形で表現しようと思い、「なる」という意味のgetを使って

I'm getting off schedule.

のように言ってしまう人もいるかもしれません。

けれど、これでは「スケジュールからどんどん遅れていって
いる」という意味になるので注意。

◎ パーフェクト

I'm just a little behind schedule.

スケジュールよりほんのちょっと遅れています。

最初からできるだけ相手を心配させないように気を使った言
い方です。まずはI'm behind schedule. に「ちょっと」という
意味のa littleを加え、

I'm a little behind schedule.

(ちょっとスケジュールより遅れています)

とすると、相手の心配度は少し減るでしょう。

そしてさらにjustを加えることで「遅れているけど、ほんの
ちょっとだから、なんとかなります。心配しなくていいですよ」
という気持ちが伝わるというわけです。

このスケジュールには無理があります。

This schedule is too tight.
このスケジュールはあまりに厳しいですね。

より冷静な響きがあり、ビジネスの場でよく使われます。

This schedule is impossible.
このスケジュール、ありえない!

「無理」という場合に一番よく使われるのはimpossible。
これで「無理」という気持ちは十分通じます。

This schedule doesn't make sense.
このスケジュールはナンセンスだ。

「無理」だということを全面的に強調したい場合に使えます。
さらに強調したいときはanyを加え、
This schedule doesn't make any sense!のようにします。

「無理だ」と言うよりも、こちらからスケジュールについての
提案をするのもいい方法です。

Can we delay the deadline?
締め切りを延ばすことはできないでしょうか?

It might be better to revise the schedule.
スケジュールを変更するほうがいいかもしれませんね。

I think we'll need more time.
もう少し時間が必要だと思うのですが。

この問題は予測できなかった。

I didn't foresee this problem.
この問題は予測していなかった。

　ビジネスの場では「予測する」という意味でforeseeを使うことが多いので覚えておきましょう。「できなかった」にはcouldn'tではなくdidn'tを使うほうがナチュラルです。

　I couldn't foresee ... は「どうしても予測できませんでした」という感じで、「自分は悪くない」と強調した感じ。I didn't foresee this problem. はさらりとした大人っぽい言い方。

I didn't see this coming.
こんなことが起こるとはね。

　これはさらにおすすめのフレーズ。「これは意外だね」のような感じの決まり文句で、ビジネスや日常会話でよく使います。

コラム　予測する＝predict？

　「予測する＝predict」と覚えた人もいるかもしれません。けれどネイティブはpredictをちょっと勘を働かせた感じの「予言する」という意味で使うことが多いのです。

　It's impossible to predict the future.
　（未来を予言することは不可能だ）

　という感じです。It's impossible to predict the future. は、ビジネスの場ではあまりそぐわないフレーズで、「問題を予測できるはずだったけどできなかった」という意味にはなりません。

× I can recover.

 I can get back on schedule.

◎ I'll somehow get back on schedule soon.

解説

| × ムリ |

I can recover. 体調はよくなると思います。

recover は「病気などから回復する」という意味。

It took him a long time to recover.

（彼は病気から回復するまで長い時間がかかった）

という感じで使います。ただし、思わぬ事故か何かあって仕事が遅れたり、ミスがあったけれど今は大丈夫だ、という状況では使えます。たとえば次のような使い方ならナチュラルな英語です。

There was a quality problem, but now we've recovered.

（品質に問題がありましたが、今は改善しました）

とにかく通じる！

I can get back on schedule.

スケジュール、挽回できます。

get back ... は「…を取り戻す」という意味ですが、get back の後にonを入れて、get back on scheduleとすれば「挽回する」という意味に。

「挽回します」と言いたいときは、canを使うとポジティブ感をうまく出すことができます。

A: I'll finish the first half of the proposal on Friday.

（金曜日に企画書の前半を終えます）

B: Friday? It's due today.

（金曜日？　今日までのはずだよ）

A: Don't worry. I can get back on schedule.

（ご心配なく。挽回できます）

B: Okay. Make sure you do.

（わかった。必ず挽回するように）

ちなみに、I canをI'llにして、onをつけ忘れ、

I'll get back the schedule.

とすると「スケジュール帳を返してもらうつもりです」の意味になるので注意。

◎ パーフェクト

I'll <u>somehow</u> get back on schedule soon.
なんとかすぐにスケジュールを挽回します。

---

somehowは「なんとかして…する」という意味で、こういうケースで使うとこちらの気持ちをうまく伝えられます。

また、過去形で使うと「なんとかできた」という意味に。

I <u>somehow</u> finished on time.

（なんとか時間通りに終わった）

できるかぎりのことはやります。

I'll give it my best.　ベストを尽くしてがんばります。

　オーソドックスな言い方。文字通り「ベストを尽くします」というポジティブな感じの表現です。

I'll do everything that I can.
私にできることは何でもやります。

　「何でもやります」というポジティブな感じを出すことができます。ちなみにeverythingをallに換え、

　I'll do all that I can.（私にできることはすべてやります）

　とすると、

　「それでも無理かもしれませんが」というニュアンスを含みます。逆に、あまり自信のない場合に使えるフレーズ。

I'll manage.　　なんとかやってみます。

　I'll manage. を、「なんとかやります」と覚えた人もいると思いますが、じつはこのフレーズには「かなり難しいことだけど、どうにかやってみます」というちょっと悲観的なニュアンスを含みます。

　たとえば、どう考えても無理な仕事を頼まれて、

　Do you think you can do it?（できると思いますか？）

　と聞かれたときなどに

　I'll manage.（難しいけれど、なんとかやってみましょう）

　というような状況で使えるフレーズ。

私に任せてください。

Leave it to me.　　私に任せて。

　こちらのがんばろうとする気持ちがうまく伝わるフレーズです。にっこり笑いながら、元気な発音で言うフレーズ。グループの中でも、わりとリーダー的な存在の人が発するケースが多い言葉です。けれど、そうではない場合も、「それなら私にできるな」と思えば、ぜひこのフレーズを使ってみてください。

I'll take care of it.　　それは私がやります。

　これはそれほど威張った感じではありません。自信ややる気を前面に出して、「私がやります」とポジティブに言っている感じです。

　仕事の内容によって、若干ニュアンスが違ってきます。かなり大きな問題、難しい問題、他の人があまりやりたくない仕事などの場合、「やるね、この人」と感心されるでしょう。

　一方、単純作業なら普通に「やります」という感じ。日本語の場合と同じです。

Let me handle this.　　これは私にやらせてください。

　謙遜した感じで、かつ相手に安心感を与えたいという気遣いを感じられる言い方。

　ここでのhandleは「(問題などを)扱う、処理する」という意味。直訳すると「この問題は私に処理させてください」ということ。

3時に会社に戻ります。

× I come back at 3:00.

△ I'll return at 3:00.

とにかく通じる！ **I'll be back by 3:00.**

◎ I should be back by around 3:00.

解説

× 誤解を招く

I come back at 3:00. いつも3時に戻っています。

現在形で表現してしまうと「習慣的に3時に戻る」「いつも3時に戻る」というニュアンスになります。

△ 通じるけれど

I'll <u>return at</u> 3:00. 3時きっかりに帰社します。

意味は通じますが、かなり硬い英語。ふつう「戻る」と言う場合、ビジネスの場でもbe backなどのカジュアルな言葉を使いますが、あえてreturnを使うと「強調している」「硬い言葉を使っている」という感じに。また帰社時間は明確にはわからないことも多いのでat 3:00（3時ぴったり）と言い切ることはあまりありません。return at ...はこんな状況で使われます。

I'll return at 3:00. Clean up this mess by then!(3時に戻る
から。それまでにこの散らかった部屋を掃除しといてよ！)

とにかく通じる！

I'll be back by 3:00. 遅くとも3時には戻ります。

「戻る」はI'll be backで通じます。厳密には、at 3:00は
「ぴったり3時」を表しますが、by 3:00なら「遅くとも3時に
は」というニュアンスが生まれ、ちょっと前向きな姿勢を出せ
ます。

◎ パーフェクト

I should be back by around 3:00.
3時ごろには戻るつもりです。

ネイティブはこういうshouldの使い方をします。このshould
は「…するはず」という意味ですが、ここには「もし何かあった
ら遅れるかもしれないが、何も問題がなければ3時に」という
ニュアンスを含みます。これなら、前向きな気持ちにプラスして
「3時には戻るはずだけど、もしかしたら遅れるかもしれないけ
ど気にしないで」というところまで伝えられます。

コラム 英語に15時や19時という表現はありません

欧米人は日常会話で15時とか19時のような言い方はしま
せん。たいてい状況的に判断できるので、たんにat 3:00と言
うことが多いでしょう。誤解を避けたい場合は、at 3:00 in the
morning（午前3時）、at 3:00 in the afternoon（午後3時）のよ
うに言います。

（中間管理職が上司に報告する、という状況で）
彼の仕事、高く評価しています。

× I evaluate his work.

× I give his work a high evaluation.

 **He's doing a great job.**

解説

×ムリ

I evaluate his work.
私は彼の仕事に点数をつける人です。

「評価する＝evaluate」と覚え、こう言ってしまう人もいる
ようです。evaluateには「評価する」という意味がありますが、
現在形で使うと「私はいつも彼の仕事の評価をするのが仕事で
す」「彼の点数をつける役なのです」という意味になってしまう
のです。たとえば、I make shoes. は「私は靴職人です」、I fix
computers. は「コンピューター修理業をやっています」とい
う感じ。

×不自然

I give his work a high evaluation.
彼の仕事にいい点数をつけます。

　意味はなんとか通じますが、英語としては不自然。his work と何か別のことを比較しているように聞こえます。なぜなら、ふつうはI give him a high evaluation. という表現を使うのですが、himの部分をhis workとすることで、「仕事はいいけど…」と全面的にほめているようには聞こえない表現になるのです。たとえば次のような感じです。

I give his work a high evaluation, but his attitude is poor.

（彼の仕事ぶりにはいい点をあげられるけど、彼の態度はまるでダメ）

　ちなみに evaluation には、どんな「評価」なのか、たとえば high evaluation（高い評価）、low evaluation（低い評価）などをつける必要があります。

　＊evaluateの使い方は156〜157ページのコラムを参照。

とにかく通じてパーフェクト！

He's doing a great job.
彼はすばらしい仕事をしているよ。

　evaluation などの難しい単語を用いなくても、このようなカジュアルな表現で十分通じます。しかも、これが一番うまく気持ちが伝わる言い方です。

greatの代わりに

super ／ wonderful ／ incredible ／ excellent ／ superior ／ fantastic

などを使うことができます。いずれも「すばらしい」という意味。いつもgreatばかり使わず、いろいろなバリエーションでほめることも大切です。これらの単語について、すばらしさ

の感覚はネイティブでも個人によって違います。自分が好きな単語を使えばOK。

　注意が必要なのは、good。goodは「いい」という意味だと思っている人が多いと思いますが、

He's doing a good job.

と言うと、

「彼は、まあ、いい仕事をやってるよ」という感じになります。一応ほめ言葉ですが、全面的にほめているというより、「まあまあ」とか「なかなか」に近い感じで「高い評価」とは受け取られないのです。

　たとえば次のような言い方がgoodの自然な使い方です。

A:　How is your new IT expert?

（新しいIT担当者はどんな感じだい？）

B:　He's doing a good job, but he's a little slow.

（なかなかいい仕事をやってるけど、ちょっとペースが遅いですね）

A:　I'm sure he'll get faster with time.

（きっと、そのうち早くなるよ）

| コラム　「評価」の表現はケースバイケースで

「弊社のサービスはお客様に評価していただいております」

これを

Our services are evaluated by our clients.

と言うと、ネイティブは「あいまい」な文と感じるものです。

動詞evaluateを英英辞典で確認すると、

"to judge how good, useful, or successful something is"

（あるものが、どれほど優れているか、どれほど便利であるか、あるい

156

はどれほどうまくいっているかなどの判断を下すこと)

という定義が見つかります。つまり、たんに「evaluateする」だけでは情報として不十分で、「どのようにevaluateしているのか」を示さなければならないということ。

Our services are highly evaluated by our clients.
(弊社のサービスは、お客様に高く評価されています)

このように副詞のhighlyなどを加えると「どれだけevaluateしている (されている)」かを具体的に示すことができます。

また、日本語の「評価する」は、じつはevaluate以外の英語で表現したほうがいい場合が多いです。「評価する」には、「ほめる」「感謝する」といった意味で用いられる場合があるのでappreciateやvalueを使ったほうが伝わりやすいことがあります。

Our services are highly appreciated [valued] by our clients.
(弊社のサービスは、お客様に高く評価されています)

ちなみに「評価額」などと言うときの「評価」は、assess やbe worthを使うのが自然。be worthはカジュアルな言い方で、assessはどちらかというと専門的な響きになります。

「このビルは時価 1 億円と評価された」(このビルの評価額は 1 億円だ)

This building is worth 100,000,000 yen.
This building was assessed at 100,000,000 yen.

急用で行けませんでした。

× I was urgent, so I didn't go.

× I had a sudden job, so I couldn't go.

とにかく通じる! I couldn't go.

◎ Something came up and I couldn't make it.

解説

× ムリ

I was urgent, so I didn't go.
私は緊急でしたので、行きませんでした。

I was urgent. は「私は急いでいました、緊急でした」という意味。「急用ができた」という意味は伝わりません。またI didn't go. では「行きたかったが行くことができなかった」というニュアンスがうまく伝わりません。

× 不自然

I had a sudden job, so I couldn't go.
突然の仕事で、行けませんでした。

意味はなんとか通じても英語として不自然な感じ。a sudden jobという言い方は、ネイティブはあまりしません。

I couldn't go.　どうしても行けませんでした。

これだけで「行きたかったけれど、用事で行くことができなかった」として通じます。残念そうな顔をして言えば問題ありません。「ちょっとぶっきらぼうすぎるのでは？」と心配な人は、前に何かちょっと言葉を加えれば大丈夫。

Oh, I'm sorry, but I couldn't go. でも OK ですし、また

There was something, so I couldn't go.

（ちょっと問題がありまして、行けませんでした）

でも OK。これならソフトになり「行きたかったけれど行けませんでした」「すみません」という気持ちもうまく通じるでしょう。

◎ パーフェクト

Something came up and I couldn't make it.
ちょっと急用ができまして、都合がつきませんでした。

come up は「発生する、起きる」という意味。「ちょっと急用がありまして」と切り出すときの一般的なフレーズです。

Something came up, so can I leave early today?

（急用ができたので、今日は帰らせてもらってもいいでしょうか？）

といった具合に使います。また I couldn't go. を

I couldn't make it.

とすることで、「どうしても都合がつきませんでした」というニュアンスがうまく伝わります。make it にはいろいろな意味がありますが、この場合は「都合をつける」という意味。

早退させてもらってよろしいでしょうか？

△ I want to go home early, okay?

 Can I leave early?

◎ Is it okay if I leave early today?

解説

△ 通じるけれど

I want to go home early, okay?
早退したいけど、いい？

意味は通じますが、ちょっとぶっきらぼうな言い方です。次のようなフレーズにすれば大丈夫。

I want to go home early. Would that be okay?
（早退したいのですが、よろしいでしょうか？）

とにかく通じる！
Can I leave early?
早退してもいいですか？

leave early は「早退する」「早めに帰る」という意味。カジュアルな雰囲気の職場なら、Can I ...？で大丈夫でしょう。ちょっとカジュアルすぎるかも、と心配な人は、

May I leave early? にすれば少し丁寧になります。

ただし硬い雰囲気の職場の場合は、Mayでもカジュアルすぎる場合があるので、相手との関係性を考慮して使いましょう。職場の雰囲気や仕事の状況において、「自分が早退しても大丈夫」と考えられるケースでなら使える表現です。

A: Can I leave early today?（今日、早退してもいいですか？）

B: Have you finished the weekly report?

（週報はもうできたの？）

A: I'll do it tomorrow morning.（明日の朝、やります）

B: Well, I guess.（じゃあ、まあいいよ）

◎ パーフェクト

Is it okay if I leave early today?
（今日は）早めに退社しても大丈夫ですか？

これならかなり丁寧な言い方になります。ほとんどの場合、これで大丈夫でしょう。

もう少し丁寧にしたいなら、Would it be ...? という表現に。

Would it be okay if I left early today?
（今日、早退しても大丈夫でしょうか？）

これならパーフェクト。

またokayをall rightとすれば、さらにきちんとした言い方に。

Would it be all right if I left early today?
（今日は、早退してもよろしいでしょうか？）

上記のふたつの表現は、どちらも礼儀正しく、かつ硬すぎない、適切な表現。「…してもいいですか？」と確認をしながら、「けれど何かあれば早退しませんが」というニュアンスも含みます。

ちょっと体調がよくないので。

× My conditions are not good.

× I'm feeling a little bad.

とにかく通じる！ I feel a little sick.

◎ I'm not feeling very well.

解説

× ムリ

My conditions are not good.
私が提案している条件はよくない。

condition は複数形にすると「条件」などの意味に。また、My conditions are good. は「私が出している条件はあなたにはプラスになるよ、いい条件だよ」という営業文句に聞こえます。さらには、My condition isn't very good. のように condition を単数形にするとスポーツマンなどが「今日は調子が出ないな」という感じで使うニュアンスに。会社で使うには違和感があります。

× 誤解のもと

I'm feeling a little bad. なんかちょっとイヤなキブン。

状況によっては通じますが、feeling bad と言うと「体調」ではなく「気持ち、気分」という意味に。

とにかく通じる！

I feel a little sick. ちょっと体調が悪くて。

「体調が悪い」と言いたいときは、**I'm sick.** が最もストレートな言い方。ただ、どの程度気分が悪いのかは伝わりにくいでしょう。実際にはとても気分が悪い場合でもソフトに表現したいなら、

I feel a little sick.

とすればOK。これなら「ちょっと体調が悪くて」という感じでうまく伝わります。

◎ パーフェクト

I'm not feeling very well. あまり体調がよくなくて。

「体の調子がいい」は feel well なので、not feel well で「体の具合が悪い」「気分が悪い」となります。ここに very を入れることで「あまり」というニュアンスをうまく出せます。

│ コラム　他にもこんな言い方が

I'm feeling a bit under the weather.（ちょっと体調が悪くて）

これは「ちょっと体調が悪い」という意味の決まり文句。「なんとなく…」とぼかして言いたいときに使えます。weatherには「天気」のほか「悪天候、暴風雨」という意味もあります。under the weatherは、悪天候で船が揺れ、船酔いして気分が悪くなることからきたもの。「体調が悪い」のほか「二日酔いで」「ちょっと酔っ払っていて」という意味で使うこともあります。

身内に不幸がありまして。

× There was bad luck in my family.

△ My father has died.

 A relative passed away.

◎ We lost a loved one.

解説

×ムリ

There was bad luck in my family.
家族がアンラッキーな目に遭いまして。

日本語をそのまま訳すとこんな感じになりますが、これでは「アンラッキーなことがあって」という意味になり、身内が亡くなったという意味は伝わりません。家族がパチンコで負けたかなと受け取られるかも。

△ 通じるけれど

My father has died.　　父が亡くなりまして。

「英語では何でもストレートに」というのは誤解です。

My fatherやdieのような言葉をビジネスの場で使うには、ちょっと直接的・具体的すぎるでしょう。少しぼかした感じ

で、

There's been a death in the family.

（身内の者が亡くなりまして）

と言うこともできますが、あまり直接的にdeathと言わない
ほうがいい場合もあるでしょう。

> とにかく通じる！
>
> ## A relative passed away.
> 親戚が亡くなったものですから。

pass awayは「死ぬ」という意味の婉曲表現。「親戚が亡く
なったものですから」が直訳です。「家族が亡くなった」と言う
場合は、**A family member passed away.** となります。

A: I'm afraid I can't go to the conference.

（申し訳ないのですが、会議に出られなくなりました）

B: Oh, that's too bad.

（え、それは困ったね）

A: A relative passed away.

（親戚が亡くなったものですから）

B: Oh, I'm sorry to hear that.

（ああ、それはお気の毒に）

> ◎ パーフェクト
>
> **We lost a loved one.**　　身内に不幸がありまして。

家族や身内の不幸に対し、ネイティブがよく使う表現。主語
をWeにすることで、残された家族皆の悲しみがより伝わり、
また美しい表現でもあります。

息子が急病になりまして。

My son suddenly got sick.
息子が急に病気になりまして。

これが一番シンプルで、うまく通じるフレーズでしょう。

get sick で「病気になる」という意味。

ちなみに和英辞書で「急病になる」を引くと、suddenly take ill などが載っています。ではこれを使って

My son has suddenly taken ill.

とするとどんな感じがするでしょう？　意味は通じますが、ちょっと古い小説などに使われそうな英語。普段の日常会話で使われることはほとんどありません。

My son is having a medical emergency.
息子が急病になりまして。

息子の状態が悪く「緊急を要する事態」だということをうまく伝える必要があるときは、emergency（緊急事態）という単語を使ったこの表現が適しています。

A family emergency came up.
家族にちょっと緊急なことが起こりまして。

直訳すると「家族の緊急事態が発生した」となります。この言い方なら、病気以外でもいろいろなケースで使えますし、「緊急事態」ということを伝えるのにも効果的です。

とにかく通じる！
「部下・同僚」
への
ひと言

期待しているよ。

× I'm expecting.

× I expect you to do it.

とにかく通じる！ You can do it.

◎ I know you can do it.

解説

× ムリ

I'm expecting. 妊娠中です。

expectは「期待する、予想する」という意味で使われますが、「子どもを産む予定である」という意味もあります。

I'm expecting a baby. は

「赤ちゃんが生まれるの」という意味。そのため、何の脈絡もなく I'm expecting. と言うと、「私、赤ちゃんを産む予定なんです」という意味の婉曲表現だと受け取られる可能性があるというわけです。ちなみに、

What are you expecting?

は、状況によっては「赤ちゃんは男の子？　女の子？」という意味で使われることも。

✕ 誤解のもと

I expect you to do it.　ちゃんとやるんだ、いいね。

I expect you to ... は「期待する」というよりちゃんとやってない人を叱咤激励する言葉。「ちゃんとやりなさい」という感じ。

とにかく通じる！

You can do it.　君ならできる。

これなら「あなたならできる」という期待の気持ちが伝わります。こんな感じで使います。

A:　I don't think I can pass the test.

（試験に合格する自信がない）

B:　<u>You can do it.</u> Just study hard.

（君なら大丈夫！　とにかくがんばって勉強しなよ）

A:　Okay, I'll try.

（そうだね、やってみるよ）

◎ パーフェクト

<u>I know</u> you can do it.　もちろん、君ならできるよ。

I know ... を文頭に置くと期待度が上がります。「私にはわかってるんだ」ということから「もちろん、必ず」という期待を込めたフレーズになり、相手に建設的なプレッシャーを与えることになります。

<u>I know</u> you'll do a great job.

（君なら必ずすばらしい仕事をやってくれるとも）

<u>I know</u> you'll have no problems.

（君なら問題なくやり遂げてくれるよね）

△ Thanks for your hard work.

とにかく通じる! ▶ You did it!

◎ Thanks to you, it was a big success.

解説

△ 通じるけれど

Thanks for your hard work. がんばってくれてありがとう。

「がんばってくれてありがとう」という気持ちから、こう言ってしまう人も多いようです。一応感謝の気持ちを伝えていることにはなりますが、このフレーズでは「あなたのおかげでうまくいった」あるいは「いい仕事をしてくれているね」というプラスαのニュアンスがいまひとつ伝わりません。

とにかく通じる!

You did it! よくやったね!

これは、何かいいことがあったときに使えば、「よくやった!」「がんばったね」「私ではなく君のおかげだよ」というとてもポジティブなほめ言葉になります。こんな状況でも使えます。

A: Congratulations! You won the contest!

（おめでとうございます。コンペで勝ちましたよ！）

B: I can't believe it! <u>You did it!</u>

（信じられない。君のおかげだ）

A: No, I just gave you a few suggestions.

（いえ、私はちょっと提案しただけですから）

B: You deserve this award.（この賞は君のものだよ）

「よくやった、君のおかげだ」という意味で使う場合、嬉しそうな表情で弾んだ声でYou did it! と言ってください。というのも悪いことがあったときにこのフレーズを使うと「おまえのせいだ」「よくもやってくれたね」という意味になるからです。

A: Someone broke the window.（誰かが窓を割ったんだ）

B: <u>You did it!</u>（よくもやったな）

A: It wasn't me.（僕じゃない）

B: I saw you do it.（君がやるところを見たんだ）

◎ パーフェクト

Thanks to you, it was a big success.
君のおかげで、すごくうまくいったよ！

Thanks to you というフレーズを使うと「あなたのおかげで」という意味がうまく伝わります。仕事をやった当人が、自分のやった仕事がうまくいったのかもだ知らない状況でも、it was a big success とはっきり述べると、「うまくいった」という事実とともに感謝の気持ちが伝わります。もちろん、当人が知っている場合でもこれをつけてOK。ちなみに「君のアドバイスのおかげで、うまくいったよ」は、これを少しアレンジした

Thanks to your advice, I succeeded. でOK。

この調子でがんばれ！

✕ In this condition, work harder.

 Keep it up.

◎ Keep up the good work.

解説

In this condition, work harder.
あなたのこの体調で、もっと働け。

この場合のconditionは「体調」という意味。これでは意味が通じないですし「もっと働け」と言われているようで、相手は不愉快な気分になるでしょう。

とにかく通じる！

Keep it up.　その調子でがんばって！

keep upは「保持する、持続する」などの意味ですが、

Keep it up.は「その調子でがんばって」という意味の決まり文句。itは「その調子」を指します。

これなら相手はがんばる気になるでしょう。こんな感じで使います。

A: How's the report coming?（レポートはどんな感じ？）

B: I already finished 300 pages.

（300ページまで終わりました）

A: Great. Keep it up.（すごいな。その調子でがんばれ！）

激励の言葉には、次のようなものもあります。

Try to keep up that pace.（そのペースでがんばって）

＊ソフトな感じ

Way to go.（いい調子／よくやってるね）

＊カジュアルな感じ

◎ パーフェクト

Keep up the good work.
その調子でいい仕事を続けてね。

Keep it up. の keep up に the good work（いい仕事）をつけたフレーズ。it の場合は keep と up の間に入りますが、the good work のように少し長い言葉になると、keep up の後に置くことになります。

このフレーズなら「相手の仕事が良い、というほめ言葉」と「それをそのまま続けてね」という激励を組み合わせた形になり、相手をさらにやる気にさせることができるでしょう。

こんな感じで使います。

A: How are you doing?（どんな感じだい？）

B: Pretty good. I just got five more customers.

（なかなかです。顧客をさらに5人ゲットしたところです）

A: Excellent! Keep up the good work!

（すばらしい！　その調子でいい仕事を続けてくれ！）

173

いろいろうまくいっていますか？

× Everything okay?

とにかく通じる！ Is everything okay?

◎ Could you tell me how everything is going?

解説

×誤解のもと

Everything okay?　すべて、OK?

カジュアルでいい言い方ですが、深刻な状況で尋ねる場合はちょっと軽すぎるかも。ネイティブはこれを「どう、大丈夫？」という感じのあいさつとしても使うので、相手はあいさつかと勘違いして、仕事上、何か問題があっても、Not bad.（ええ、元気です）というあいさつをしてくる可能性が。

また「いろいろどんな具合ですか？」を直訳すると

How's everything going?

となります。状況によってはもちろんこれでも大丈夫ですが、これもあいさつとして使うことがあるフレーズなので、タイミング次第ではただのあいさつと受け取られてしまう可能性があります。たとえばこんな感じ。

A: How's everything going?（調子はどうだい？）

B: Not bad. How are you doing?（いいですよ。そちらは？）

A: Pretty good.（いいよ）

とにかく通じる！

Is everything okay? 　万事うまくいってますか？

このフレーズなら、あいさつとして使うことはまずないので、実際に状況を尋ねているように聞こえ、相手に誤解を与えることはないでしょう。ネイティブは **Is everything going okay?** のように going をつけることが多いので、余裕がある人はこれでよりネイティブっぽくなります。また okay を on schedule に換え、**Is everything going <u>on schedule</u>?**（すべてスケジュールどおりにいってますか？）としても OK。

A: I'm going to work on the XYZ Project on the weekend.

（週末、XYZプロジェクトの仕事をするつもりです）

B: Is everything okay?（万事、うまくいってる？）

A: I'm a little behind schedule, but I can catch up.

（少しスケジュールから遅れていますが、取り戻せます）

B: Okay, thanks.（わかったよ、ありがとう！）

◎ パーフェクト

Could you tell me how everything is going?
いろいろとどんな状況か、話してくれますか？

今の状況をはっきりと、かつ丁寧に尋ねたい場合には、この表現がベスト。

何かわからないことがあれば、聞いてくれ。

× If you don't know anything, ask me.

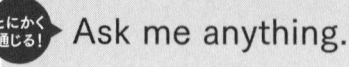 **Ask me anything.**

◎ Let me know if anything comes up.

解説

×誤解を招く

If you don't know anything, ask me.
何も理解できないなら、私に聞きなさい。

「何かわからないことがあるなら」という部分にanythingを用いて If you don't know anything ... とすると、「あなたが何にもわからないなら…」「理解できていることがゼロなら…」という意味になるので注意。not ... any という表現は「まったく、何も…ない」という全否定になるからです。そのうえ、さらにここから飛躍して「あなたが馬鹿なら…」という意味に受け取られる可能性も。

anythingをsomethingに換えて、

If you don't know something, ask me.

とすればOK。

ちなみに、うっかりifなどを言いそびれて、

You don't know, so ask me questions.

のように言ってしまうと「あなたはわかっていない、だから私に質問しなさい」という意味に。

If you don't know, ask me questions.

（もしわからないなら、私に質問しなさい）

とすれば通じます。

とにかく通じる！

Ask me anything.　何でも聞いて。

命令形なので偉そうに思えるかもしれませんが、じつはカジュアルな言い方で、逆に気軽に「何なりと相談して」と優しく声をかけるときのフレーズ。

この場合の「何でも」をeverythingにすると「一から十まで何でもかんでも」という意味になってしまうので注意。

A:　Do you mind if ask you a question?

（質問をしてもよろしいですか？）

B:　Sure. Ask me anything.

（もちろん。何でも聞いて）

◎ パーフェクト

Let me know if anything comes up.
何か問題があったら、私に知らせてね。

if anything comes up は「理解できないことが起こったら」「何か問題が起こった場合」など広い意味でとらえることができる便利な表現。これなら「何かあったら、私に相談してくださいね」という感じのいい表現になります。

何かあったらケータイに電話して。

× If there's a happening, call to me.

△ If there's a problem, call me on my mobile.

 **Call me anytime.**

解説

`× ムリ`

If there's a happening, call to me.
「出来事」があれば、私に向かって呼んでみて。

happeningは辞書には「事件」という意味も載っていますが、ふつう会話では「出来事」という意味で使います。

また、call to meという言い方は「私を呼んで、大きな声で呼びかけて」というニュアンス。たとえばみんなで広い部屋にいるときなどにIf something comes up, <u>call to me.</u> と言うと「何かあったら（「こっちに来て」って）大声で呼んでね」という意味になります。

ちなみに日本語を直訳した感じの

If there's something, telephone to my mobile phone. は「何かが見つかったら、私の携帯電話に電話してください」という感じになります。状況や相手によってはなんとか通じるか

もしれませんが、全体的に不自然な文章です。

△ 通じるけれど

If there's a problem, call me on my cell.
問題があったら、私に電話して。

意味としては通じますが、「問題が起こったら」という言い方では、「何か大変なことが起こらない限り、電話できないかな」と思わせてしまう可能性があります。「携帯電話」はcell phone (cellular phone) ですが、よくcellと略します。スマホ (smart phone) もcell phoneに含まれるので、cellでOKです。また、

If something comes up, <u>call me</u>. という言い方もできます。これは「もし何か起こったら、電話して」という意味ですが（ここでのcome upは「（問題などが）生じる」の意味）、たんにcall meと言うことで、「会社の電話でも携帯電話でもどちらでもいいよ」という気持ちを伝えられます。

とにかく通じてパーフェクト！

Call me anytime. いつでも電話して。

「何かあったら」という部分を、anytime（とにかくいつでも）と言い換えることでフレンドリー感を出し、相手により気軽に「電話していいよ」という気持ちを伝えるときの決まり文句。決まり文句であるため、状況によっては、少し軽すぎるような場合もあるかもしれません。そんなときは、at allをつけて、

Call me anytime <u>at all</u>.
と言えばOK。これなら「ほんとにいつでも」という真剣な気持ちがうまく伝わります。

ちょっと手を貸してくれない？

× Help me.

とにかく通じる！ I need some help.

◎ Could you give me a hand?

◎ Maybe you could give me a hand ...?

解説

× 誤解を招く

Help me. 　助けて！

切羽詰った場合の「助けて！」に聞こえ、ビジネスの場には
そぐいません。Help me. は、Help me. I'm dying.（助けて。死に
そう）といった状況で使うフレーズなので、たんに Help me. と
言うだけで、Help me or I'll die.（助けてくれなければ死んでしま
う）くらいの必死さが込められてしまうのです。ただし、

Help me a little.

なら「ちょっと手伝って」「ちょっと頼むよ」のニュアンスに。

とにかく通じる！

I need some help. 　ちょっと助けが必要なのですが。

need は want と違って「…が必要です」という冷静な感じの

180

表現なのでビジネス向き。これなら部下や同僚には問題なく使え、上司の中でも親しい場合は大丈夫です。

I need your help. もおすすめ。

I need some help. は「だれでもいいから」というニュアンスがあるのに対して、**I need your help.** は、ちょっと相手を持ち上げて「あなたの助けが」というニュアンスになります。

◎ ほぼパーフェクト

Could you give me a hand?
手を貸してくれませんか?

日本語に近い言い方です。どちらかといえば体を使った作業や手作業の場合に使うことが多い表現ですが、一緒に何か案を考えてほしいときなど、頭を使った仕事の場合にも使えます。

◎ パーフェクト

Maybe you could give me a hand ...?
もしよろしければ手を貸していただけますか…?

助けを依頼する場合はちょっと遠慮した感じを出す必要があることが多いでしょう。文末の語尾を上げるイントネーションで言うと遠慮がちな質問になります。

Could you give me a hand?

だと相手は断りにくいのに対し、

Maybe you could ...?

は相手に断りやすくする気遣いが込められています。ですから、逆に、断られて困る場合にはMaybe you could give me a hand ...?はあまり使わないほうがいいかも。

× Once more, please.

× Please do it over.

とにかく
通じる! **Could you redo it?**

◎ Could you take another look at it?

解説

× 誤解を招く

Once more, please.   もう一回繰り返して。

これは「今やったこと／言ったことを、もう一回繰り返して」
と言うときのフレーズ。仕事をもっとしっかりやってほしいと
いう場合には通じません。

× 誤解を招く

Please <u>do it over</u>.   全部やり直してください。

やった仕事に対して「使いものにならない、一からやり直せ」
と言う場合には使えますが、改善してほしい場合は誤解を生じ
ます。do ... over は「(全部)やり直す」という意味で、主に会話
で使われます。

Could you <u>redo</u> it?
やり直してもらえるかな？

redoは「やり直す、書き直す」という意味の動詞。発音は［リ**ドゥ**］。過去形はredid［リ**ディ**ドゥ］、過去分詞形はredone［リ**ダン**］。「やり直し」ではあるけれど「前のがぜんぜんダメで、ゼロから」というわけではなく「悪い点を書き直す」「計画を立て直す」という意味で使える便利な単語です。

特にこの言い方で相手のやる気をそぐということはありません。ただ、こちらが怒っていないことが相手にうまく伝わるよう、ちょっと微笑みながら言うといいでしょう。心配な場合は、

It would really help.（そうしてくれると本当に助かります）

I think it might be better.（そのほうがいいんじゃないかと思うから）

などのフォロー的な言葉を加えましょう。

Could you <u>take another look at it</u>?
もう一度、見直してみてくれるかな？

take another look at itは直訳すると「それをもう一度見る」という意味。つまり「それを見直す」ということ。「ちょっと悪い点があるので、改善してください」に近いニュアンスになります。この言い方なら、かなり丁寧で婉曲的な表現なので、相手のやる気をそいだり、嫌な気分にさせたりする可能性は低いでしょう。ただし、相手が鈍い場合「やり直す」という意味が通じない可能性も。その場合はCould you redo it?のようにストレートに言うしかありません。

ちょっと今忙しいから、後にしてもらえないかな?

✕ I'm too busy. After, please.

△ I'm too busy to talk to you. Please do it later.

 I'm busy now. Later?

◎ I'm kind of busy now. Maybe later?

解説

| ✕ ムリ |

I'm too busy. After, please. あまりに忙しい。後、頼む。

I'm too busy. でも意味は通じますが、あまりにストレートすぎるので、こう言い放つと怒っているように聞こえるでしょう。日本語でも、何か話しかけようとして、いきなり「忙しいんだ」と言われると、怒っているように聞こえますが、それと同じです。こんなときは前にI'm afraidなどをつけるのが一般的。

また、afterは「何の後か」ということを言わないと意味不明になるので注意。After lunch, please. (昼食の後にしてください) のような言い方ならOK。ちなみに、日本語では忙しいことを「手が一杯」と言いますが、英語でも

My hands are full. は「忙しい」という意味です。

184

△ 通じるけれど

I'm too busy to talk to you. Please do it later.
あなたなんかと話す時間はない。お願いだから後にしなさい。

丁寧な文章にして言っているつもりが、かなり失礼な言い方。

まず、to you を入れることで「他の人と話す時間はあります
が、あなたと話す時間はない」という意味に聞こえる可能性が。
また、Do it later. は please を前につけたとしても「ちょっとお
願いだから」という感じに聞こえ、丁寧とはいえません。

とにかく通じる！

I'm busy now. Later?　今忙しくて。後じゃだめ？

極めてストレートな言い方ですが、残念そうな表情をして言
えば大丈夫。Later? を質問っぽく語尾を上げる感じで言えば、
「後で大丈夫ですか？」という感じでソフトに聞こえます。

◎ パーフェクト

I'm kind of busy now. Maybe later?
今、ちょっと忙しくて。後でもいいかな？

kind of は「ちょっと」という意味ですが、すごく忙しい場合
でも I'm kind of busy now. と言うことでソフトな言い方にな
ります。Maybe later? の部分は語尾を上げて質問調にすると
「後、ってことにしてもらってもいいかな？」とカジュアルかつ
丁寧でソフトな言い方に。また

Could we talk later? も相手を気遣ったよい表現。さらに

Could we talk at 3:00? のように具体的な時間を提案する
と、さらにベター。

この企画はあらゆる条件を満たしています。

× This project is fulfilling.

△ This proposal fulfills all requirements.

 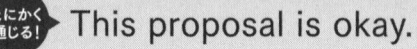 This proposal is okay.

◎ This proposal meets all the conditions.

解説

× ムリ

This project is <u>fulfilling</u>.

このプロジェクト、やりがいがあるね。

　fulfill には「満たす」という意味があります。けれど「満たしています」という日本語につられて、つい現在進行形のfulfilling にすると「やりがいがある」というニュアンスになってしまいます。a fulfilling life は「充実した生活」のこと。

　また「満たす＝ fill」と覚えた人も多いと思います。「条件」は辞書を引くと term と載っています。では

　This project fills all terms.

　とするとどうなるでしょう。これでは

　「このプロジェクトは契約書の条件を一杯にする」

　という意味に！

　ひとつひとつの単語は日本語と合っているように見えますが、全体として言いたいことが通じないでしょう。

　辞書には「企画＝project」と載っていますが、projectは企画が通ってからのこと。ふつう「案」の段階ではprojectとは言いません。

　fillは「お腹を満たす」という意味では使えます。

Pancakes fill you up fast.

（パンケーキはすぐにお腹を満たしてくれる）

のような感じです。けれど「条件を満たす」という意味には使いません。

　またtermsには「条件」という意味がありますが、これは企画を通すための条件ではなく「契約書などの条件／支払い条件」という意味。

△ 通じるけれど

This proposal fulfills all requirements.

当案は全条件を満たす。

　「企画案」はprojectではなくproposalと言いましょう。

　意味は問題なく通じますが、ちょっと不自然。

　まずfulfillとrequirementsの相性はあまりよくないという点が問題。fulfillは、

fulfill my needs（私のニーズを満たす）

fulfill my expectations（私の期待に応える）

fulfill my requests（私の要求を満たす）

などのような場合には使えますが、requirementsに使うと違和感があるのです。

またall requirementsは意味としてはOKですが、口語ではなく硬い文書に使うような言い方。

とにかく通じる！

This proposal is okay.　　この企画は合格だ。

シンプルでうまく通じる表現。okayにはいろいろな意味があります。「まあまあよい」という意味で使うこともありますが、「合格」という意味でも使います。

ポジティブな意味として伝えたい場合は、okayを元気よく発音し、親指を立てて（これはOKという意味のジェスチャー）にっこり笑ったりしながら言えばOK。「合格だ」というポジティブな意味として伝えれば、This proposal is okay.は「この企画は合格だ」、つまり「条件を満たしている」という意味に受け取ることができるのです。こんな感じで使います。

A:　Did you read through all the proposals?
（すべての企画に目を通していただけましたか？）

B:　This proposal is okay.（この企画が条件を満たしているね）

A:　Yes, I agree. Let's focus on this one.
（私もそう思います。これに絞りましょう）

◎ パーフェクト

This proposal meets all the conditions.
この企画はあらゆる条件を満たしています。

この場合の「条件」にはconditionを使うのが適しています。そしてconditionに合う「満たす」という意味の動詞はmeetです。

188

前もって知らせてください。

× Notice me before.

とにかく通じる! Notify me ahead of time.

とにかく通じる! Give me a warning.

◎ Make sure you give me a heads-up.

解説

× ムリ

Notice me before.　　前に私のこと、気づいてよ。

名詞のnoticeはよく「通知」という意味で使います。動詞にも「通知する」という意味がありますが、会話では「気づく」という意味で使うことがほとんど。

I didn't notice the earthquake.（地震に気づかなかった）

という感じで使います。

そのためnotice meは「私に気づく」という意味に。

He didn't notice me. は「彼は私がいることに気づかなかった」という意味です。

また、「知らせる」という意味の動詞notifyを用いた場合でも、

Notify me before.

では通じません。これでは「前に知らせてください」という意味に。これだと文章が途中で終わったように聞こえます。

beforeの後に何か「事」を置き、

Notify me before doing anything.（何かやる前に私に知らせて）

Notify me before you sign the contract.

（契約書にサインする前に私に知らせて）

のような言い方ならOK。また過去形の、

He notified me before.（彼は前もって私に知らせてくれた）

なら自然です。

とにかく通じる！

Notify me ahead of time.
前もって私に知らせて。

「とにかくまず私に知らせて」と言いたいときは

Notify me first.

でOK。ただし、状況によってはうまく通じるでしょうが、これでは「他の人に言う前に私に知らせて」なのか「何か行動に移す前に私に知らせて」なのかははっきりしないので、ちょっと注意。firstを ahead of time（予定に先立って）にして、

Notify me ahead of time.（前もって私に知らせて）

にすれば、意味が明確になります。

とにかく通じる！

Give me a warning.　あらかじめ知らせてくれ。

give warningで「あらかじめ注意する、予告する」という意味になり、うまく通じます。こんな感じで使います。

A: I might have to go to New York next month.
（来月、ニューヨークに行かなければならないかもしれません）

B: Really, why?（ほんとに？　どうして？）

A: I heard the president wants to talk to me.
（社長が私に話があると聞いたものですから）

B: Okay, but give me a warning.
（わかったよ。でも、あらかじめ知らせてくれよ）

◎ パーフェクト

Make sure you give me a heads-up.
必ず前もって私に知らせてね。

Make sure ... は「必ず…してね」という、うまい言い方です。heads-upは形容詞としては「抜け目のない」、名詞としては「警告」という意味になります。そしてこのheads-upをこのフレーズで使うと、「何かあったら、必ず前もって私に知らせてね」という意味になるのです。

Thanks for the heads-up.
とすると「知らせてくれてありがとう」という意味になります。

| コラム　Heads up!は「気をつけて！」

動詞句のHeads up. は直訳すると「頭を上げろ」という意味ですが、これは「よく見て！　注意して！」と、相手に何かを警告するときに使うイディオム。もともとは何かが飛んできて「ぶつかるよ、気をつけて」というときに使った言い回しです。たとえばボールが飛んできて誰かの頭にぶつかりそうな場合などにHeads up!（よく見て！／気をつけて！）と言います。

（トラブルに遭遇した部下に対して）
円満に対処するように。

× Please cope peacefully.

△ Please handle this peacefully.

 No problems, please.

◎ Try not to make waves.

解説

× ムリ

Please cope peacefully.
平和的に我慢してください。

辞書には「対処する」はcopeと載っていますが、実際には
copeは何か問題を解決するというより、「問題が消えるまでな
んとか我慢する」というかなり消極的なニュアンスで使うこと
が多い語。たとえば

We can't do anything, so we'll just have to cope.

（何もできないから、とにかく我慢するしかないよ）

という感じ。また「我慢できない」と否定形で使うこともよ
くあります。

I can't cope with this noise.

（この騒音にはとても我慢できない）

192

動詞を「対処する」という意味をもつdealにして、

Please <u>deal</u> peacefully.

とすると、少しは通じやすくなります。これなら
「平和的に対処してください」という感じ。

dealはcopeに比べると少しは積極的な言い方ですが、これもやはり「（騒音などの）厄介な問題の対処」というイメージ。ビジネスで発生しがちな複雑な問題や状況にはあまり適していません。

またPlease deal.は不自然な言い方。後に具体的な問題を置いて、

Please <u>deal with that noise</u>.（その騒音、なんとかして）

という感じで使いましょう。

<u>△ 通じるけれど</u>

Please <u>handle</u> this peacefully.
みなさん、円満にうまくやってください。

---

handleも「対処する」という意味で、この表現でも「円満に解決してください」という意味として通じます。

ただ、この言い方は複数の人に向かって「ケンカせずに、うまくやってください」という状況で使うことも多く、日本語の「円満に対処するように」とはちょっと違ったニュアンスになることも。「円満に」はpeacefullyでOKですから、「円満に対処するように」と言いたいときは、

Please <u>solve</u> this peacefully.（円満に解決してください）
Please <u>take care of</u> this peacefully.
（円満に対処してください）

などのように言えばOK。ここでのtake care ofは「処理する」という意味。こんな感じで使います。

A: Please take care of this peacefully. It's a delicate issue.

（ここは円満に解決するよう気をつけてください。デリケートな問題ですから）

B: Okay, I'll be careful.（はい、気をつけます）

とにかく通じる！

No problems, please.
問題のないように、頼むよ。

　「円満に」ということは、「問題を大きくしないで」ということなので、発想を転換してこういうフレーズを使うこともできます。こんな感じで使います。

A: If the discussions don't go well it will create a big problem.

（そのディスカッションがうまくいかないと大変なことになる）

B: I understand.（わかっています）

A: No problems, please.（円満に解決するよう、頼むよ）

B: All right. I'll be careful.（はい。気をつけます）

　これではちょっとぶっきらぼうかなと思う人は、

Please don't make problems.

（問題が起こらないようにしてください）

Please don't make any more problems.

（これ以上問題を大きくしないようにしてください）

　といった言い方にするとよいでしょう。

◎ パーフェクト

Try not to make waves.
なんとか波風を立てないようにやってください。

Try not to ... で「…しないように努力しなさい」「なんとか…しないよう、がんばってみてください」という意味を表すことができます。make wavesは文字通り「波風を立てる」の意。これらを組み合わせた「へたに波風を立てるなよ」「円満に解決しなさい」という意味のうまい言い回しです。

コラム　dealを使った意外なイディオム

dealには「対処する」以外にも、「取引する」「分配する」「トランプのカードを配る」などいろいろな意味があります。

トランプを配る人はdealer。そして「カードを配る」はdeal the cards。こんな感じで使います。

He dealt six cards to each player.

（彼は各プレイヤーに6枚のカードを配った）

It's my turn to deal the cards.

（私がカードを配る番だ）

そして、このフレーズは「采配をふるう」という意味のイディオムとしても使えます。

My boss deals the cards, so there's nothing I can do.

（うちのボスが仕切ってるから、僕にはどうすることもできないんだ）

I don't believe that luck deals the cards.

（私は運命を信じない）

切りのいいところで休憩にしよう。

× Let's break when done.

× Let's break whenever it's convenient.

 Let's break after this.

◎ Let's finish what we're doing and take a break.

解説

× ムリ

Let's break when done.　　　終わったら休息しよう。

「休憩しよう」はbreakで通じますが、これでは「仕事が全部終わったら休息しよう」という意味に。

× 誤解を招く

Let's break <u>whenever it's convenient</u>.
好きな時にめいめい勝手に休みましょう。

wheneverは「…するときはいつでも、…なときはいつでも」という意味。convenientは「都合のいい時間」。つまりこの言い方では、仕事の都合ではなく「めいめいの都合」という意味が強くなり「切りのいいところ」というニュアンスが伝わりません。

whenever it's convenient は
「自分の勝手な都合で」という意味の決まり文句。人に文句を
言う場合によく使います。

He just comes <u>whenever it's convenient</u>.

これは「彼は人のことを考えずに、自分の気分が向いたとき
だけ来る（嫌なやつだ）」という意味。これを、

Let's break <u>at a convenient time</u>.

とすると「都合のいい時間に休憩しよう」という意味になり、
状況によってはなんとか通じるでしょう。ただ、ネイティブは
あまり使わないフレーズです。

at a convenient time は「自分勝手な都合で」という決ま
り文句ではないので、その字義通り「都合のいい時間に（休憩し
よう）」という意味になります。ですので、「自分の都合」か「仕
事の都合」かがわからず、相手を混乱させてしまうかも。

とにかく通じる！

Let's break after this. これが終わったら休憩しよう。

Let's break <u>soon</u>. で「もう少しやったら休憩にしよう」と
いう意味になり、これで「切りがいいところ」に近い意味とし
て通じるでしょう。ただ、もっとはっきりさせたいなら、

Let's break <u>after this</u>.（これが終わったら休憩しましょう）

と言えばOK。こんな感じで使います。

A:　How long have we been working?

（どれくらい仕事してるかな？）

B:　About five hours.（5時間くらい）

A:　<u>Let's break after this.</u>（切りのいいところで休憩にしよう）

B:　Okay, that would be nice.（OK、いいね）

ただ、after this は「これが終わったら」という意味なので、今やっている仕事か、今やっているプロジェクトかなどの点で、ちょっとあいまいだという状況もあるかもしれません。

もっとはっきりさせたいなら、これを応用した

Let's take a break when we're done here.

というフレーズにすればOK。これなら、

「ここが終わったら休憩しよう」という意味になります。

休憩しようはtake a break というフレーズにすると、よりきちんとした言い方に。また、... when we're done here（ここが終わったら）とすることで「切りのいいところ」という意味により近まるわけです。

◎ パーフェクト

Let's finish what we're doing and take a break.
今やってる仕事を終えたら、休憩にしよう。

視点を変え、「今やっている仕事を終えて、それから休憩しよう」という言い方をすれば誤解なく伝わります。また「ちゃんと終わらせて」というニュアンスを出したいときは、finish にupを加えた、

Let's finish up what we're doing and take a break.

（今やってる仕事をすっかり片づけて、休憩しよう）

Let's finish up here and take a break.

（ここをちゃんと終わらせて、休憩にしよう）

などのフレーズが使えます。ここでのupは「すっかり、最後まで」という意味の副詞。

（ランチや休憩の後）
そろそろ仕事に戻らなきゃ。

× It's about time I went back to work.

× By and by, I need to get back to work.

Well, I have to get back.

◎ Well, I guess I'd better get back to work.

解説

× 誤解のもと

It's about time I went back to work.
そろそろ年貢の納め時だ。

It's about time ＋主語＋動詞の過去形は「そろそろ…すると きだ」「もういいかげん…したら？」「よくも何もしないでいられ るな」という批判の気持ちを込めるときによく使う表現。

It's about time you cleaned your room.（いいかげん、部 屋の掃除しなさいよね）という感じで使うことも多いので、

It's about time I went back to work.

と言うと「今までの人生は遊んできたけど、このへんでいい かげん、仕事を探すかな」と受け取られてしまう可能性も。

また「仕事に戻る」というときにgo backを使うと、長い間 会社から離れていたようなニュアンスになります。たとえば

I took time off to study, but I'm going to have to go back to work next month.（勉強するためにずっと会社を休んでいたけど、来月には復帰しなきゃいけない）

というような感じです。

×ムリかも

By and by, I need to get back to work.
やがて、仕事に戻らなくては。

by and byを「やがて、まもなく、そろそろ」という意味で覚えた人もいるかもしれませんが、これはかなり古い言い方。文学的な感じで、古い小説に出てくるようなフレーズです。意味が通じないネイティブも多いでしょう。

I need to get back to work.の部分はOK。「ランチ」などで、ちょっとオフィスから離れたようなとき、あるいは社内にいても、ちょっと仕事を離れたような場合に、「仕事に戻る」と言いたい状況では、go backではなくget backを使います。

とにかく通じる！

Well, I have to get back.　さて、もう仕事に戻らなきゃ。

「仕事に戻る」という状況が明確な場合、これで気持ちはうまく通じます。have toは「しなければ」という意味ですが、「したくないけど、しなきゃ」という気持ちも込められます。「仕事に」とはっきり言いたいときはto workをつけましょう。また、最後にnowをつけるとネイティブっぽくなります。

Well, I have to get back to work now.

◎ パーフェクト

Well, I guess I'd better get back to work.
さてと、そろそろ仕事に戻るかな。

I guess I'd better ... は、その場で考えて話している感じの、とても自然な言い方。また「ちょっと嫌だけど、しぶしぶ」というニュアンスも込められます。本当はもっとゆっくりしたい、というときに使うフレーズ。日本語の「そろそろ」という言葉に込めた気持ちに近いでしょう。

コラム　anytime soonはどう使う？

この項目に、

I'm leaving for work anytime soon.

という表現は使えるでしょうか？

anytime soon は肯定文で使うと「近いうちに、すぐにでも」という意味なので「近いうちに仕事に行かなきゃ」という意味になり、なんとか通じるでしょうが、ネイティブはanytime soon を否定文「当分の間…ない」という意味で使うことが多いのです。そのため、この文章はネイティブにとっては不自然。否定文の場合、

I won't be leaving for work anytime soon.

（すぐには仕事に出かけない）

という感じで使います。そのため、I'm leaving for work anytime soon. と言うと、一瞬「え、行かないのかな？」と思われるかもしれません。とはいえ、日本人の英語に慣れているネイティブが相手なら、通じる場合も多いでしょう。anytime を取った、**I'm leaving for work soon.** ならOKです。

（仕事で）
今日はここまで。

× It's time to end work.

× It's about time I stopped working.

とにかく
通じる！ **It's time to stop today.**

◎ I'm going to call it a day.

解説

× 誤解のもと

It's time to end work.
仕事というものをなくす時間ですよ。

「終える」というと end を思い浮かべがちですが、これは「終結させる」というニュアンスで使うことが多いのです。end という動詞は本来続くものを途中でやめるというニュアンスが強い動詞。たとえば、

It's time to end war. （戦争を終結させるときだ）

のような使い方をすることはよくありますが、ネイティブは end work という使い方はしません。聞き慣れないフレーズなので、「働くということをやめる？？」と不思議な感じに受け取られるでしょう。

また

202

It's time to stop my job.

という表現も誤解を生むので注意。job は「今やっている仕事」ではなく「職業」という感じ。これでは「職業をストップさせる時間だ」という意味に聞こえます。このようなフレーズをネイティブが使うことはまずありません。

✕ 誤解のもと

It's about time I stopped working.
いいかげんに仕事をやめないと。

「It's about time＋主語＋過去形」は一般に「そろそろ…する時間だ」あるいは「いいかげんに…してもいい頃だ」という意味で使います。けれど強い批判を込めて「いいかげん…してよ」という状況で使うことも多いのです。たとえば、

It's about time you stopped lying!

（嘘つくのはいいかげんにやめなさいよ！）

という感じ。なので「今日はこのへんで」という状況で使うと誤解を招くでしょう。

とにかく通じる！

It's time to stop today.　今日はこれまで。

これで「ここでやめよう」という意味は通じます。「仕事を」とはっきり言いたいなら、

It's time to stop working today.

とすればOK。job（職業）の場合と違い、こちらはworking（仕事をすること）なので、stopを使っても違和感はありません。これなら明確に「今日はそろそろ仕事をやめよう」という意味に

なります。こんな感じで使います。

A:　You look tired.（疲れているみたいだね）

B:　Yeah, I've been working for 12 hours.
（ええ、もう12時間も仕事しているんです）

A:　It's time to stop today. Let's finish this tomorrow.
（今日はここまでにしよう。これは明日終わらせよう）

ちなみに、車に乗っていて「そろそろ車を停めようか」と言う場合には **It's time to stop.** が使えます。

◎ パーフェクト

I'm going to call it a day.　今日はここまで!

こんな状況でネイティブがよく使うのは、

call it a day

というフレーズ。「今日は十分働いたから、このへんで」あるいは「もうクタクタだから、このへんにしておこう」という気持ちがうまく伝わります。

みんなに「このへんで終わりにしようよ」と言いたいときは、

Let's call it a day.

と言えばOK。こんな感じで使えます。

A:　You look sleepy.（眠そうですね）

B:　I am. Well, I'm going to call it a day.
（うん眠いなぁ。さてと、今日はここまでにしようかね）

A:　Okay, I hope you can get some sleep.
（はい。ちゃんと寝られるといいですね）

B:　That won't be hard.（すぐ寝られると思うよ）

今日は徹夜だ。

It's an all-nighter tonight.　　今日は徹夜だ。

これは、その場にいる「みんな」の場合も「自分のみ」の場合も、どちらでも使えます。「今日は徹夜だ」と事実を述べている中立的な言い方。

「徹夜」という単語は英語ではall-nighterが近いでしょう。all-nighterには「一晩中続くもの」つまり「徹夜の仕事・勉強」や「24時間営業の店」などの意味があります。

We have to work all night tonight.
今日は徹夜もやむを得ないな。

その場にいるみんなへの言い方。have toを使うことで、「やりたくはないけれど、しかたない」というニュアンスを出せます。

There's no sleep for me tonight.
僕は、今日は寝る時間はないよ。

「自分」についての言い方。There is no ... で「…がない」という表現になります。

A:　Aren't you going home?（家に帰らないの？）

B:　No. There's no sleep for me tonight.（うん。今日は徹夜だ）

A:　Why?（どうして？）

B:　I have to finish this 300-page proposal by tomorrow morning.（明日の朝までに300ページの企画書を仕上げなきゃならないんだ）

Chapter

6

とにかく通じる！
「終業後」の
ひと言

△　Go home safely.

とにかく
通じる！ **Stay safe.**

◎　Be careful going home.

解 説

　△ なんとか通じるけれど

Go home safely.　　安全に帰宅してね。

　意味は通じますが、ネイティブはあまり使わない表現。日本人はsafelyよりも、safe（形容詞）やsafety（名詞・形容詞）を耳にする機会が多いでしょう。safety netは「安全を保障するもの、安全策」あるいは「社会的なセーフティーネット（社会福祉政策）」。safety lockは「安全錠」。

Go home <u>safe</u>.

　は、文法的には正しいとはいえませんが、ネイティブもsafeを副詞的に使うことがあるので、あまり違和感なく伝わります。

　また、帰宅する人に「じゃ、お気をつけて」と言いたくて

Be careful, please.

　と言う人もいるようですが、これは「ちゃんと気をつけてくださいね」という感じ。Be careful. は、ミスをした相手に対し

て「ちゃんと気をつけてね」と言う場合、あるいはこれから危険なことをする人に「注意してね」と注意を促すときに使います。たんに帰る人に向かって言う場合は、**See you.** などの一般的な別れのあいさつで十分な場合がほとんどでしょう。

とにかく通じる！

Stay safe. 気をつけて。

それでも「気をつけてね」と言いたい状況もあるもの。そんなときは

Stay safe. ／ Keep safe.

が使えます。どちらも「安全なままでいなさい」という意味ですが、ふつうに帰宅する人に「気をつけて」というときにも使えますし、運転して帰る人や、大雨や嵐など、ちょっと注意を要する状況の際に使うのにも適しています。

◎ パーフェクト

Be careful going home. 気をつけて家に帰ってね。

これは帰宅する人に対してよく使うあいさつです。車で帰る人なら、**Drive safely.**（安全運転でね）。これは「帰る人」だけでなく「これから車でどこかへ行く人」にも使えます。

ちなみに遠くへ行く人に対しては **Have a safe trip.**（安全な旅を）。旅行に行く場合だけでなく、隣県くらいのちょっとした遠出をする人にも使えます。

（食事に誘おうと思って）
このあと何か予定入っている？

× Do you have a schedule tonight?

△ What are you going to do tonight?

 Busy tonight?

◎ Any plans tonight?

解説

× ムリ

Do you have a schedule tonight?
今夜はスケジュール帳、持ってる？

a schedule と聞くと、ネイティブは「スケジュール帳」を思い浮かべてしまいます。ですので、この言い方では「スケジュール帳、持ってる？」という意味に！

△ 通じるけれど

What are you going to do tonight?
今夜は何をするつもりですか？

英語としては問題ありませんが、「今夜は何をするのか話してくださいよ」と相手にちょっとプレッシャーを与える言い方。

とにかく通じる！

Busy tonight?　　今夜、忙しい？

Are you busy tonight?（今夜は忙しいですか？）

を略した言い方です。この場合、略したカジュアルなフレーズのほうが、相手にプレッシャーを与えないという効果があります。カジュアルな尋ね方なので、相手も気楽に断りやすい、ということです。

逆に、Are you busy tonight? ときちんと聞くと、相手も「今夜の計画についてちゃんとした返事を返さなければならない」とプレッシャーを感じるかも。

こんな感じで使います。

A:　Okay, see you tomorrow.（それじゃあ、また明日）

B:　Busy tonight?（今夜、忙しい？）

A:　No, not really.（ううん、そんなことないけど）

B:　Want to go get a drink?（一杯、行く？）

A:　Sure.（いいね！）

◎ パーフェクト

Any plans tonight?　　今夜は予定、あるかな？

Do you have any plans tonight?

の省略形ですが、Busy tonight? の場合と同様、Any plans tonight? のほうが相手にプレッシャーを与えません。

ちなみにここでは、plan を複数形 plans にすることに注意。plans を使った Any plans tonight? が決まり文句になっていますし、これを a plan とするとより具体的な響きになり、「今夜の計画は？」という感じに聞こえるでしょう。

211

飲みに行く？

× Let's drink.

× Let's go drinking.

とにかく通じる！ **How about a drink?**

◎ I'm going to get a drink. Wanna join me?

解説

× ムリ

Let's drink.　　アルコール中毒になりましょう。

drinkという言葉はネイティブにとって「大酒を飲む」というイメージ。drinking problemは「アルコール依存症」のこと。

× 誤解を招く

Let's go drinking.　　酒、飲もう。

なんとか通じるでしょうがビジネスの場ではあまり使いません。というのも、go drinkingには「酒好きが飲みに行く」というようなちょっと悪いイメージがあるから。妻が夫に

Don't go drinking again.（二度と飲みに行かないで！）

というふうに使うことが多いのです。

とにかく通じる！

How about a drink?　　一杯、どう？

カジュアルな誘い方。こんな感じで使います。

A:　Okay. We're finally finished. (よし。やっと終わったね！)

B:　<u>How about a drink?</u> (一杯、どう？)

A:　Not tonight. My wife made dinner for me.

（今夜はダメなんだ。妻が夕飯を作ってくれてるから）

B:　Okay, some other time. (そうか、じゃあ、またいつか)

A:　Sounds good. (うん、ぜひ)

ちなみに、

<u>How about</u> dinner and a drink? （食事しながら一杯飲まない？）はデートに誘うときによく使うフレーズ。

◎ パーフェクト

I'm going to get a drink. Wanna join me?
飲みに行こうと思うんだけど、一緒に来る？

「自分は行こうと思うんだけど、もしよかったら来る？」という感じで、「君が行かないならこちらも行かない」というニュアンスがないため、相手も用があれば断れますし、プレッシャーがかかりません。Wanna は Want to の口語表現。

コラム　ビジネスの場とはいえ、かしこまりすぎは…

I'd like to invite you to have a drink with me.

（私と飲みに行ってくださるよう、お誘いしたいのですが）

といった丁寧な誘い文句では相手は断りづらいもの。相手のことを考えれば少しくだけた誘い方がよい場合も多いのです。

（食事に誘われて）
ご一緒したいのはやまやまですが…。

 とにかく通じる！ I want to go, but ...

◎ I wish I could go.

◎ I'd really love to go, but I can't.

解説

とにかく通じる！

I want to go, but ...　　行きたいけど…。

　これは I want to go, but I can't.（行きたいのですが、行けない
のです）という言い方を、but の部分で止めたもの。I want to go,
but I can't. で問題なく通じますが、少しストレートすぎる場合
も。そんなとき、途中で文章を止めることで「本当に行きたい
けど、どうしても…」というニュアンスを出せるのです。

　ちなみに、あわてて I can't go. とだけ言うと、友達なら
Why? と理由を尋ねてくれるでしょうが、仕事関係の人が相手
の場合、「理由くらい、言ってくれても…」と思われるかも。

◎ パーフェクト

I wish I could go.　　行けたらいいんだけど。

　これで「行けたらいいけど行けない」という気持ちは伝わり

ます。go を省いた **I wish I could.** でも OK。また、**I would if I could.**(行けたら行くんだけどね) でも OK。would と could が韻を踏むのでちょっと軽い感じの響きになります。

◎ パーフェクト

I'd really love to go, but I can't.
本当に行きたいんだけど、行けないんだ。

I want to go. でも十分通じますが「やまやま」という気持ちは I'd really love to go. と言うとうまく伝わります。残念そうに言えば、**I'd really love to go.** だけでも「断り文句」として通じます。けれど元気よく言ったら、「本当に行きたいです！」という意味だと受け取られてしまうでしょうから、誤解を避けるためには念のため ... but I can't. を加えるといいでしょう。

┃ コラム　I wish ...で「うらやましい気持ち」を表す

I wish I could go. と言えば「行けたらいいのですが(残念ながら行けない)」という断り文句ですが、ほかに「～だったらいいなあ」とうらやむ気持ちを表す場合もあります。たとえばこんな感じ。

I wish I had a coat like that.

(あんなコートが欲しいなぁ〈でも買えない〉)

I wish I were rich.

(お金持ちだったらいいのになぁ〈でも違う〉)

（誘いを断って）
すみません！ でも、また誘ってください。

△ Sorry, next time.

とにかく通じる！ Sorry, please invite me again.

◎ Sorry, but I'll take a rain check.

解説

△ 通じるけれど

Sorry, next time.　　　ごめん、次回ね。

問題なく通じますが、相手がきちんと招待してくれた場合にはちょっと軽すぎます。軽く誘われた場合はこれでOK。

カジュアルな断り方としては、

Maybe next time.（うーん、また今度）

Maybe some other time.（そうねぇ、また別の機会に）

などもあります。

I'm sorry. Please invite me next time.

なら、「ごめんなさい。どうぞ次回、また誘ってください」という感じでうまく通じます。ただし、丁寧すぎる表現なので、平坦な発音で言うと社交辞令的に響くことも。

Oh, I'm sorry. とすると「あら、ごめん」という感じになり、社交辞令的に響くのを避けられます。

とにかく通じる！

Sorry, please invite me again.

ごめんなさい、また招待してください。

これで問題なく通じます。ちなみにagainに似た言葉に once moreがありますが、これを使って

Sorry, please invite me once more.

と言うと「今、もう一回招待してくれたら行くかも」のような意味に。つまり、誘い方が気に入らなかっただけで、もう一度うまく言い直してくれたら、行く気になるかも、ということ。

◎ パーフェクト

Sorry, but I'll take a rain check.

ごめん！　でもぜひまた誘ってもらえるかな。

rain checkは「野球などが雨で中止になったときの振替券」のことですが、誘いを断らないといけない際のフレーズとして、I'll take a rain check. があります。ニュアンスとしては「悪いけど、やめておくよ、また誘ってね」という感じ。

┃ コラム　take a rain checkのバリエーション

Can I take a rain check?

＊I'll take a rain checkより、ちょっと謙虚に聞こえます。「次回でいいですか、ごめんね」という感じ。

I'll have to take a rain check.

＊have toを使うと「本当は断りたくないけど、今回はどうしてもダメだから」というニュアンスが出るため、Sorryをつけなくても、これだけで「悪いね」という気持ちが伝わります。

（仕事が片づかなくて）
今日の仕事は持ち帰りだよ。

× This work is to go.

× I take it back.

とにかく
通じる！ **I'll take it home.**

◎ I guess I'll work on this at home.

解説

× ムリ

This work is to go.　この仕事は「お持ち帰り用」。

ファーストフードのお店などではよく、

For here or to go?

（こちらで召し上がりますか、それともお持ち帰りですか？）

と尋ねられます。つまり to go は「持ち帰り用の」という意味。これを知っていて、仕事にも使おうと思ったら、それはちょっと無理かも。仕事の持ち帰りに to go は使いません。

× 誤解のもと

I take it back.　今のは「なし」ね。

I take it back. は「自分が今言ったことをなかったことにする、撤回する」というときに使うフレーズ。とはいえ、仕事が終

わらなくて、どうしようという話になっている状況でこう言えば、通じるでしょう。

とにかく通じる！

I'll take it home. 家に持ち帰るよ。

これなら問題なく通じます。take ... home は「…を家へ持ち帰る」という意味。この場合の home は「家へ」という副詞なので、to などの前置詞をつける必要はありません。

I'll take this work home.（この仕事、家に持ち帰るよ）

とすると、「この仕事」ということが明確に伝わります。こんな感じで使います。

A: You look busy.（忙しそうだね）

B: I am. I have to finish the ABC Project today.（そうなんだ。ABC プロジェクトを今日中に仕上げなきゃいけないんだ）

A: What about the XYZ Project?

（じゃあ、XYZ プロジェクトはどうするの？）

B: I'll take it home.（それは家に持ち帰るよ）

◎ パーフェクト

I guess I'll work on this at home.
まあ、これは家でやることにするよ。

I guess ... は「私は思う」という意味ですが「まあ、仕方ない」という感じで、あまりやりたくないことを言うときの前置きとしても使えます。そんな気持ちも込めたいときはこれがピッタリ。work on は「（仕事などに）取り組む」という意味。

今日は一日、ほとんど仕事でした。

× I almost worked today.

△ I worked almost all day today.

とにかく
通じる! I worked hard today.

◎ All I did today was work.

◎ I had a hard day at work today.

解説

× ムリ

I <u>almost</u> worked today.
今日はすんでのところで仕事をするところでした。

almostを主語の後に置くと「もう少しで…するところだった」という意味に！

I <u>almost</u> cut my finger.（あやうく指を切るところだった）

I <u>almost</u> got hit by a car.

（もうちょっとで車にひかれるところだった）

という感じで使うのが自然です。ちなみに

I nearly worked today.

も「今日はもう少しで仕事をするところだった」という意味

です。またalmostをmostlyに換えた

I mostly worked today.

は「今日はほとんど仕事だった」になります。これはポジティブに「仕事をがんばった」というよりも、たんに「遊ぶ時間がほとんどなかった」というニュアンス。

△ 通じるけれど

I worked <u>almost</u> all day today.
今日は一日中ほとんど仕事をしました。

意味としては通じますが、そういう「事実」を述べている感じ。「大変だった！」という気持ちがあまり伝わらないかも。ネイティブはあまり使いません。

とにかく通じる！

I worked hard today.
今日はほんとにハードに働いたよ。

シンプルでいて、うまく伝わるフレーズ。hardは必ずしも「長い時間」を指すわけではないので、誤解を生む可能性もありますが、たいていの場合は仕事を「長時間、一生懸命やった」と言うときに使うので、言いたいことはわかってもらえるでしょう。こんな感じで使います。

A: You look tired. (疲れているみたいだね)

B: I am. I worked hard today.
(そうなんだ。今日はほんとにハードな一日だったよ)

A: That's tough. (大変だったね)

B: I had nine meetings. (ミーティングが9つもあったんだ)

「長時間」ということを強調したいときは、

I had a long day today.（今日は長い一日だった）

と言います。このフレーズには「よく働いた」という気持ちも含まれます。

◎ ほぼパーフェクト

All I did today was work.
今日やったことといえば、仕事だけだよー。

「大変だった！」という気持ちも伝わりますが、ちょっとグチっぽく聞こえることも。もちろん、仕事以外に食事などもしたわけですが、そこは説明しなくても大げさな感じのフレーズとして使えます。

◎ パーフェクト

I had a hard day at work today.
今日は一日、ほんとに仕事がハードだったよ。

決まり文句的なフレーズで、とてもナチュラル。「がんばった」というニュアンスになり、グチっぽくも聞こえません。

A: Do you want to see a late-night movie tonight?
（今夜、映画のレイトショー見に行かない？）

B: I'd like to, but ...（行きたいけど…）

A: What's the matter?（どうかした？）

B: I had a hard day at work today.
（今日は一日、ほんとに仕事がハードだったんだよ）

あとがき

　いかがでしたか？　「日本人が間違えがちなＮＧ英語」「とにかく通じる英語」「パーフェクト英語」と読み進めていくうちに、ネイティブがどんなときにどんな感覚で、どのようなフレーズを使っているのか、なんとなく感覚的に理解できるようになってきたのではないでしょうか？

　「英語は完璧に話さないとダメ！」などと思っている人は、実際はあまりいないかもしれません。けれどそうは言っても、いざ話すとなると、反射的に「パーフェクトな英語」じゃなければ口に出せない、固まってしまう、という人は多いようです。

　とはいえ、じつはネイティブも、いつも「完璧な英語」をしゃべっているわけではないのです。日本人だって「いつでもどこでも完璧な日本語」を話している人はあまりいませんよね。完璧な英語を目指していては、「一生英語を話せない」ということになりかねません。英語を話す目的とは何でしょう？　「私は完璧に英語を話せるよ！」とネイティブに見せつけるため？　そうではないですよね。四苦八苦して勉強するのは、「とにかくコミュニケーションをとるため」のはずです。

　ということは、コミュニケーションさえとれれば、とりあえずそれでOKということ。逆に「完璧でなくていい」といったんあきらめて、思い切って話し始めると、英語でのコミュニケーションが楽しくなります。そして楽しくなれば、勉強するのも楽になります。要するに「とにかく」から始めることが、完璧な英語への一歩だといえるのです。

　You can if you will!（やろうと思えば必ずやれます！）

草思社文庫

とにかく通じる英語
超かんたんで役立つビジネス英会話の本

2017年10月9日　第1刷発行
2019年 9 月 2 日　第3刷発行

著　　者　デイビッド・セイン／岡　悦子
発 行 者　藤田　博
発 行 所　株式会社 草思社
〒160-0022　東京都新宿区新宿1-10-1
電話　03(4580)7680(編集)
　　　03(4580)7676(営業)
　　　http://www.soshisha.com/

印 刷 所　中央精版印刷 株式会社
製 本 所　大口製本印刷 株式会社

本体表紙デザイン　間村俊一

2011, 2017 ©David Thayne, Etsuko Oka
ISBN978-4-7942-2303-6　Printed in Japan